W0174114

In der gleichen Reihe erschienen:

Gelassenheit siegt!
ISBN 3-8029-4525-5

**Selbstsicher reden
Selbstbewusst handeln**
ISBN 3-8029-4533-6

**Klartext sprechen –
mehr Erfolg im Beruf**
ISBN 3-8029-4557-3

Mehr leisten mit mehr Spaß
ISBN 3-8029-4561-1

**Redetraining als
Persönlichkeitsbildung**
ISBN 3-8029-4614-6

**Geschickt kontern:
nie mehr sprachlos**
ISBN 3-8029-4605-7

Bewusst kreativ
ISBN 3-8029-4590-6

Souverän telefonieren
ISBN 3-8029-4550-6

**Intelligentes
Stressmanagement**
ISBN 3-8029-4518-2

Richtig kritisieren
ISBN 3-8029-4508-5

Zum Autor:

Norbert Kasper ist selbstständiger Trainer und Coach. Er hat langjährige
Erfahrung als Leiter der Personalentwicklung eines Kreditinstituts.

Wir freuen uns über Ihr Interesse an diesem Buch. Gerne stellen wir Ihnen kostenlos
zusätzliche Informationen zu diesem Programmsegment zur Verfügung. Bitte
sprechen Sie uns an:

E-Mail: walhalla@walhalla.de
http://www.walhalla.de

Norbert Kasper

Kreativ umdenken

- Raus aus der Wut-Falle
- Methoden, Tricks, Techniken

FIT FOR BUSINESS

Die Deutsche Bibliothek - CIP-Einheitsaufnahme

Kasper, Norbert:
Kreativ umdenken : Raus aus der Wut-Falle ; Methoden, Tricks, Techniken /
Norbert Kasper. – Regensburg ; Düsseldorf ; Berlin :
Fit for Business, 2002
    (Fit for business ; 607)
    ISBN 3-8029-4607-3

Zitiervorschlag:
Norbert Kasper, Kreativ umdenken
Regensburg, Düsseldorf, Berlin 2002

    Produktion: Walhalla Fachverlag, 93042 Regensburg
    Umschlaggestaltung: Gruber & König, Augsburg
    Druck und Bindung: Westermann Druck Zwickau GmbH
    Printed in Germany
    ISBN 3-8029-4607-3

Nutzen Sie das Inhaltsmenü:
Die Schnellübersicht führt Sie zu Ihrem Thema.
Die Kapitelüberschriften führen Sie zur Lösung.

Schnellübersicht

In jeder Minute, die man mit Ärger verbringt,
versäumt man sechzig glückliche Sekunden seines Lebens.
(William Sommerset Maugham)

Raus aus dem Ärger,
hin zu mehr Lebensfreude

Ich freue mich, dass ich Sie mit diesem Buch ein Stück auf Ihrem persönlichen Weg raus aus dem Ärger, hin zu mehr Lebensfreude und Erfolg, begleiten und unterstützen darf und bin mir sicher, Sie halten dieses Buch heute nicht zufällig in Händen. Wir leben in einer Welt, die nach bestimmten Naturgesetzen funktioniert und in diesem Kosmos (griechisch für: die Welt als geordnetes Ganzes) ist aus meiner Sicht kein Platz für so etwas wie Zufall.

Unsere Befindlichkeit und Lebensfreude werden ganz entscheidend durch die Qualität unserer zwischenmenschlichen Beziehungen und unserer (inneren) Kommunikation bestimmt. Begegnungen und Beziehungen in unserem Alltag bieten uns vielfältige Möglichkeiten Energie zu schöpfen oder zu vergeuden. Einer der wichtigsten Energiediebe ist für viele Menschen Ä r g e r.

In den letzten zehn Jahren, in denen ich mich intensiv mit dem Thema Ärger auseinander setzte, habe ich festgestellt, dass dem Bereich erfolgreicher Umgang mit Ärger nur wenig Platz eingeräumt wird. Meist wird dieses alltägliche Phänomen nur sehr einseitig beleuchtet, je nachdem, welchen Schwerpunkt das zugrunde liegende Werk bearbeitet. Mit meinem Buch und meinen Seminaren „Mensch ärgere Dich nicht" (mehr zum 1- bzw. 3-Tages-Seminar finden Sie auf meiner Homepage http://www.norbertkasper.de) wähle ich einen ganzheitlicheren Ansatz, der sowohl sprachliche wie mentale als auch körperliche Aspekte berücksichtigt.

„Kreativ umdenken" ist für Menschen geschrieben, die mehr aus sich und ihrem Leben machen möchten, die die Bereitschaft haben zu wachsen, die die Verantwortung für sich und ihr Leben übernehmen, die sich auf neue Prozesse einlassen können und Lust am Ausprobieren, am Experimentieren haben. Dieses Buch soll Anregungen geben, sich mit dem Alltagsphänomen und Umweltgift, genannt Ärger, positiv auseinander zu setzen. Denn Ärger ist Stimmungsselbstmord auf Raten. Recyceln Sie dieses Umweltgift einfach in nutzbare Power-Energie!

Ziel dieses Buches ist es, Ihr bisheriges Verhalten zu analysieren, zu überdenken und Ihnen „neue" effektive Methoden und Tipps an die Hand zu geben für mehr Energie und Balance im Leben sowie mehr Wohlbefinden, Lebensfreude und Souveränität für jeden Tag. Denn das Leben ist viel zu kurz, um es sich ständig durch Ärger zu vergiften. Sehen Sie das Leben nicht als Kampf, sondern als Spaziergang durch ein sonniges Tal, in dem es viel zu entdecken gibt. Überlegen Sie doch einmal, wie viel Energie Sie beruflich und privat sparen könnten, wenn es Ihnen gelänge sich weniger zu ärgern!? Wie würde dann der Umgang mit den Menschen in Ihrer Nähe aussehen? Was könnten Sie für deren Lebensqualität und natürlich Ihre eigene alles tun, wenn Sie Ärger aus Ihrem Leben streichen würden?

Der Buchtitel „Krea**k**tiv umdenken" hätte mir persönlich besser gefallen. Denn in diesem Buch geht es nicht darum, passiv zu lesen und darauf zu hoffen, dass Sie sich am Ende des Buches nie wieder ärgern. Dieses Versprechen kann und will ich Ihnen nicht geben. Aber wenn Sie kreativ und aktiv (= kreaktiv) mit den Werkzeugen, die ich Ihnen an die Hand gebe, spielen, experimentieren und kontinuierlich üben, werden Sie sich zukünftig garantiert wesentlich weniger ärgern.

Ich erhebe mit diesem Buch natürlich keinen Anspruch auf Vollständigkeit und sicherlich gibt es auch noch weit mehr Möglichkeiten, dem kleinen Ärger zwischendurch oder auch den großen Ärgerklötzen im Leben auf den Leib zu rücken. Und genau aus diesem Grunde würde ich mich sehr freuen, wenn dieses Buch zu einem Erfahrungsaustausch mit Ihnen führen würde, sozusagen ein interaktives Buch entstünde, das in einer Neuauflage Ihre persönlichen und wirkungsvollsten Strategien in einem eigenen Kapitel mit aufnehmen könnte. Also lassen Sie mich an Ihren bisher erfolgreichen Methoden zur Ärgerbewältigung teilhaben und schreiben Sie mir, wie Sie erfolgreich mit Ihrem Ärger umgehen, welche Erfahrungen Sie mit den in diesem Buch beschriebenen Methoden gemacht haben oder welche Fragen sich für Sie gestellt haben. Schreiben Sie mir einfach eine E-Mail: (smile@norbertkasper.de) oder nutzen Sie eine der weiteren Möglichkeiten, die Sie am Ende des Buches finden, mit mir in Kontakt zu treten.

Der leichteren Lesbarkeit wegen, verwende ich in meinem Buch im Folgenden die männliche Form der Anrede, also der Leser, der Mitarbeiter, der Chef, der Lehrer etc. Ich bitte daher alle Leserinnen, mir dies an den entsprechenden Stellen nachzusehen und sich dennoch angesprochen zu fühlen.

Ich danke allen, die mich in den letzten Jahren auf meinem persönlichen Weg begleitet und unterstützt haben. Sie hier aufzuzählen würde den Rahmen sprengen. Insbesondere allen meinen Seminarteilnehmern und Coaching-Klienten, die mich durch Fragestellungen und Beiträge gefordert und damit natürlich gefördert haben, immer bessere, einfachere und effektivere Lösungen zu finden. Und nicht zuletzt widme ich dieses Buch den lieben Menschen in meiner Umgebung, meiner Partnerin Isabel und deren Familie sowie meiner Mutter Gertrud, ohne die diese Zeilen nicht möglich gewesen wären.

Viel Spaß und eine erfolgreiche Umsetzung Ihrer eigenen Anti-Ärger-Strategien wünscht Ihnen

Norbert Kasper

> Der Ärger ist als Gewitter, nicht als Dauerregen gedacht;
> er soll die Luft reinigen und nicht die Ernte verderben.
> (Ernst R. Hauschka)

„Gebrauchsanleitung"

Warum ich dieses Buch schreibe

In meinen Seminaren, Coachings und im persönlichen Umfeld erlebe ich immer wieder, wie dieses kleine Wörtchen, diese Emotion: „Ä r g e r", die Luft verpesten und vergiften kann. Aus einer Mücke wird im Handumdrehen ein aufgeblasener, übermächtiger Elefant. Aus einer Ursache im Gegenwert von einem Euro wird eine Aktion, die den Betroffenen einen ganzen Tag, eine Woche, einen Monat und manchmal ein Leben lang in Atem hält und stückchenweise vergiftet. Würden Sie jeden Tag freiwillig ein Gläschen Gift trinken? Wahrscheinlich nicht – oder? Aber dem Ärger gestatten wir es, uns zu vergiften. Gestochen von einer giftigen Nebenbemerkung oder von einem gezielt abgeschossenen Giftpfeil getroffen, fühlen sich die Betroffenen gelähmt, ohne Wahl. Sie müssen sich ärgern, das Gehirnkarussell kreist wie wild um diese eine Stelle.

Ärger lenkt die Betroffenen ab und erfasst mit Macht den Geist, sodass sie sich ohnmächtig fühlen. Er stiehlt ihnen die Ausstrahlung, verhagelt ihnen die Stimmung und raubt ihnen Ruhe und Gelassenheit, ja manchmal sogar die Sinne. Kennen Sie Menschen mit den typischen Ärger-Symptomen? Schmale, zusammengepresste Lippen, Mundwinkel nach unten, gelbliche Gesichtsfarbe und versteinerter Gesichtsausdruck – den übersäuerten Magen und bitteren Beigeschmack buchstäblich ins Gesicht geschrieben.

Ärger macht es Ihnen schwer, sich und andere erfolgreich zu führen, zu motivieren, zu ermutigen und zu unterstützen. Sie müssen Ihre Sorgenkette sprengen, bevor Sie wieder lösungsorientiert und klar denken können. Ärger ist ein gemeiner Zeitdieb, der Ihre

Aufmerksamkeit und Kraft stiehlt. Sie haben keinen Blick mehr für das, was heute wirklich für Sie wichtig wäre. Er macht Sie angriffslustig, bissig, aggressiv und treibt Ihr Blut aus dem Gehirn in die Muskeln.

Er verursacht unnötige Kosten, reduziert Ihre Leistung enorm, treibt Sie zu unsinnigen Handlungen und manchmal in sinnlose Verpflichtungen hinein. Ärger verhindert das Erreichen Ihrer persönlichen Ziele und bremst Sie abrupt aus. Ärger ist ansteckend wie eine Infektionskrankheit und kann – ähnlich der Grippe – eine kleine Epidemie auslösen.

Um allen diesen dramatischen Auswirkungen effektiv, aktiv und wirkungsvoll entgegenzuwirken, ist dieses Buch entstanden, damit Sie gelassener, entspannter, kreativer, fröhlicher, glücklicher, gesünder, attraktiver, mit mehr Energie, Ausstrahlung und Lebensfreude, also einfach erfolgreicher durch Ihr Leben gehen können.

Wie Sie das meiste für sich aus diesem Buch herausholen

Ich weiß nicht, wie Sie normalerweise ein Buch lesen bzw. damit arbeiten – ob Sie zu den Menschen gehören,

- die von der ersten bis zur letzten Seite lesen, um nichts zu verpassen.
- die grundsätzlich das Vorwort überspringen und erst mit dem ersten Kapitel beginnen.
- die sich mit Textmarker und Randnotizen richtig intensiv durch ein Buch arbeiten, um das Maximale für sich herauszuholen.
- die zunächst das Inhaltsverzeichnis studieren und dann die für sich interessantesten Kapitel zuerst in Angriff nehmen.
- die einfach erst einmal durch das Buch blättern, die Überschriften wahrnehmen, um dann zu entscheiden, was Sie zuerst lesen.

- die intuitiv eine Seite aufschlagen und sich von einigen Zeilen anregen lassen.

Es gibt keinen „richtigen" oder „falschen" Weg. Es gibt nur Ihren Weg und das ist gut so.

Sicherlich können Sie sich allerdings vorstellen, dass ein Buch mit dem Titel „Kreativ umdenken" natürlich zum Umdenken und Experimentieren auffordern, ja vielleicht sogar etwas provokativ aufrütteln will. Darum nachfolgend einige Tipps, die die Effizienz dieses Buches für Sie enorm erhöhen werden.

Arbeiten Sie mit diesem Buch

Am meisten haben Sie von diesem Buch, wenn Sie es nicht nur durchlesen, sondern wenn Sie damit arbeiten, die gestellten Fragen und Aufgaben bearbeiten. Also am besten gleich einen Stift, Textmarker und Notizblock zurechtlegen.

Beginnen Sie jetzt gleich mit dem Arbeiten, setzen Sie sich ein konkretes Ziel und beantworten Sie folgende Fragen

Ich habe es in den letzten Jahren, im Zusammenhang mit „Photo Reading" als sehr hilfreich erfahren, vor der Lektüre eines Buches zunächst meine eigene Zielsetzung zu klären, um schon während des Lesens zu filtern, wo Interessantes im Text für mich zu finden ist und welche Textpassagen ich zügig überfliegen kann.

Die nachfolgenden Fragen sollen Ihnen dabei helfen, Ihre Absichten und Ziele zu klären:

- Welche Gesichtspunkte sind Ihnen, wenn Sie an das Thema Ärger denken, besonders wichtig?

....

....

- Welche persönlichen Ziele verfolgen Sie beim Arbeiten mit diesem Buch?

  ....

  ....

- Für welche konkreten beruflichen und/oder privaten (Ärger-)Situationen suchen Sie in diesem Buch eine konkrete Lösung?

  ....

  ....

- Was hat Sie bisher angenehm überrascht, worauf freuen Sie sich am meisten?

  ....

  ....

- Woran genau werden Sie merken, dass Sie die Lektüre dieses Buches persönlich weitergebracht hat? Und wie werden Sie sich dann belohnen?

  ....

  ....

Vielleicht denken Sie sich jetzt, was soll denn das? Spüren inneren Widerstand oder Ärger über diese Bevormundung und möchten die einzelnen Fragen überhaupt nicht beantworten. Vielleicht fällt Ihnen auch gar keine Antwort ein. Gerade dann wäre es aus meiner Sicht besonders wichtig diese zu beantworten.

„Gebrauchsanleitung"

Übernehmen Sie nichts ungeprüft, setzen Sie sich mit den Inhalten auseinander

Durchdenken Sie die in diesem Buch zusammengetragenen Methoden und hinterfragen Sie stets für sich, wo kann ich diese Methode am besten ausprobieren. Aber analysieren Sie stets auch: In welchen Situationen sollte ich vorsichtig sein und zunächst üben, bis ich sicher und souverän damit umgehen kann.

Lassen Sie sich auf den Inhalt ein

In diesem Buch geht es darum, Ihr Leben zu „entgiften", indem Sie sich mit Ihren bisherigen Denk- und Verhaltensweisen, Ihren Überzeugungen auseinander setzen und diese systematisch hinterfragen. Dieser Prozess ist nicht ganz einfach und mitunter sogar sehr schwierig. Aber so ist es nun einmal mit Veränderungen. Und wie sagte C.G. Jung bereits: „Ohne Not verändert sich nichts, am wenigsten die menschliche Persönlichkeit."

Probieren Sie alles einfach mehrmals aus

Nicht nur einmal, sondern öfters sollten Sie diese Methoden ausprobieren, damit die Denkanstöße und Übungen eine Chance haben, für Sie wirkungsvoll aktiv zu werden. Sie müssen die Tipps nicht exakt so befolgen, wie ich Sie hier beschreibe, nutzen Sie Ihre eigene Kreativität, entwickeln Sie die Übungen weiter. Wichtig ist nur, dass Sie überhaupt etwas tun. Kommen Sie in Schwung und werden Sie aktiv bzw. krea**k**tiv. Sie wissen doch: Von nichts kommt nichts!

Werden Sie aktiv und verpflichten Sie sich jetzt, etwas in Ihrem Leben zum Besseren zu verändern

Vielleicht kennen Sie die so genannten Silvestervorsätze („Im kommenden Jahr mache ich ... bzw. höre ich auf mit ...") und fünf Minuten nach Mitternacht sind diese frommen Vorsätze reine Lippenbekenntnisse und schon wieder Vergangenheit und vergessen. Ziele funktionieren nur, wenn Sie zum einen schriftlich niedergeschrieben und zum anderen positiv formuliert sind. Darum verpflichten Sie sich jetzt sofort etwas zu ändern.

Meine persönliche Vereinbarung mit mir selbst

Ich, _____, verpflichte mich ab sofort

mit ärgerlichen Reizen kreativ umzugehen und alles nur Erdenkliche und Mögliche zu tun, um unnötigen, sinnlosen Ärger nach und nach, Schritt für Schritt aus meinem Leben zu entfernen.

Ich verpflichte mich, Verantwortung für mein Leben zu übernehmen und mein Leben von Tag zu Tag immer stärker und stärker zu genießen. Ich halte dieses Versprechen mir gegenüber auf jeden Fall durch und belohne mich am _____

mit _____.

Ich erreiche mein mir gesetztes Ziel und bestätige dies heute mit meiner Unterschrift

_____   _____
(Datum, Ort)   (Unterschrift)

Haben Sie Spaß dabei

Gehen Sie Ihre Vorsätze nicht zu verbissen an. Das produziert nur neuen Ärger, Stress und Frust. Mit Freude, Lockerheit und einem Lächeln geht so manches von allein und vieles leichter von der Hand.

Überblick

Was Sie in diesem Buch alles für ein Leben ohne Ärger finden: Das erste Kapitel beschäftigt sich mit interessanten Informationen zu Neurolinguistischem Programmieren (NLP), Kinesiologie, Mentaltraining, Entstehung von Ärger einschließlich seiner biochemischen Reaktionen im Körper und Kommunikation. Sie erhalten erste Tipps und hilfreiche Anregungen zum Umdenken.

„Gebrauchsanleitung"

Die Kapitel 2 bis 4 zeigen Ihnen anhand von verschiedenen, praktischen und bewährten Übungen Strategien und Ideen, die sich jeweils auf die sprachliche, die mentale und körperliche Ebene beziehen, wie Sie ab sofort vor, während und nach einer ärgerlichen Reizsituation reagieren können. Sie erhalten wirksame Möglichkeiten in Zukunft kreativ umzudenken und gelassener zu agieren. Im zweiten Kapitel finden Sie verschiedene Tipps und Anregungen, wie Sie sich auf ärgerliche Situationen vorbereiten können, wenn Sie wissen, dass es Ärger gibt bzw. zur Ärger-Prophylaxe. Im dritten Kapitel finden Sie hilfreiche Reaktionsmöglichkeiten für akute Ärger-Situationen. Wie Sie sich vor emotionalen Verletzungen schützen und emotionalen Klimaschutz sorgen können. Im vierten gibt es für Sie Nützliches zur Nachbereitung und Klärung, damit Sie den Ärger nicht zu lange bis ewig mit sich herumschleppen müssen und sich unnötige Belastung und Vergiftung ersparen können.

Das fünfte Kapitel gibt Ihnen zusätzliche nützliche Ideen, wie Sie mit verärgerten Zeitgenossen umgehen und wie Sie sich vor dieser Ansteckungsgefahr schützen können, um sich nicht noch mehr mit Ärger zu vergiften. Ein Sprichwort besagt zwar: „Geteiltes Leid ist halbes Leid!", aber ich sage Ihnen, und Sie kennen dies bestimmt aus Ihrem eigenen Erleben: „Geteilter Ärger ist doppelter Ärger!" Denn negative Emotionen springen über wie ein Virus und vergiften Sie; insbesondere, wenn der Ärgerbazillus von einem lieben, Ihnen nahe stehenden Menschen kommt. Und Sie kennen ja meine Meinung: „Das Leben ist viel zu kurz, um es sich durch Ärger ständig zu vergiften. Leben soll einfach sein und ein Maximum an Lebensfreude bringen. Genuss statt Verdruss!"

Im Anhang erhalten Sie noch drei „Arbeitspapiere" bzw. Kopiervorlagen.

Was jeder wissen sollte

1

> Die Gedanken, die wir uns auswählen, sind die Werkzeuge,
> mit denen wir die Leinwand unseres Lebens anmalen.
> (Louise L. Hay)

Neurolinguistisches Programmieren – was ist das?

Das Neurolinguistische Programmieren – kurz NLP – ist ein von Richard Bandler (Mathematiker und Informatiker) und John Grinder (Professor für Linguistik) entwickeltes Modell gelingender Persönlichkeitsentfaltung und wirkungsvoller Kommunikation mit sich selbst und anderen. Anfang der siebziger Jahre des vorigen Jahrhunderts begannen die beiden Amerikaner, die Arbeit von vier herausragenden Therapeuten ihrer Zeit (Fritz Perls, Virginia Satir, Milton Erickson und Mosché Feldenkrais) zu untersuchen. Zielsetzung war es herauszufinden, warum diese vier Therapeuten erfolgreicher waren als andere Therapeuten.

Was verbirgt sich aber nun hinter dieser zunächst eher technisch anmutenden Bezeichnung NLP?

Das **N** steht für NEUROnale Verknüpfung. Das meint unser gesamtes Nervensystem, also die Aufnahme und Verarbeitung von Reizen, Informationen und Signalen aus der Umwelt. Und mit ihm unsere fünf Sinne: Sehen (visuell), Hören (auditiv), Fühlen (kinästhetisch), Riechen (olfaktorisch) und Schmecken (gustatorisch) sowie Erinnern und Träumen. Es umfasst also unsere ganze sinnliche Erfahrung und Wahrnehmung oder – wie ich es gerne bezeichne – unsere Für-Wahr-Nehmung. Wir messen jeder Information unsere eigene Bedeutung zu und handeln entsprechend. Ein Sprichwort besagt: „Der Mensch ist, was er denkt!" Und was er denkt, strahlt er aus, was er ausstrahlt, zieht er an! Deshalb sollten Sie auf Ihre Gedanken achten, sie wirken wie ein Magnet.

Das **L** steht für LINGUISTISCHer Ausdruck. Das meint unsere Sprache, mit der wir Erfahrungen codieren und ordnen, zu geistigen Landkarten verknüpfen und miteinander austauschen.

Nicht nur die Sprache der Worte gehört dazu, auch die des Körpers, der Augen, unsere Gestik und Mimik, Symbole und Schrift – einfach alles, was uns Botschaften übermittelt. Und hier beginnen viele Probleme in unserer Kommunikation, da jeder Mensch einmalig ist. Es gibt keinen zweiten Menschen auf diesem Globus, der haargenau die gleiche geistige Landkarte der Welt im Kopf hat wie Sie – es sei denn, Sie sind geklont.

Das **P** steht für PROGRAMMIERUNG von Verhalten. Das meint den Prozess des Lernens durch sinnvoll aufeinander aufbauende Erfahrungen. Jeder von uns hat aufgrund seiner Wahrnehmung, Erfahrung und Erziehung bestimmte Verhaltensweisen entwickelt, von denen er zunächst mit Sicherheit überzeugt ist, dass sie den entsprechenden Situationen und Begegnungen des Alltags angemessen sind. Diesen Prägungen und Mustern folgen wir ganz unbewusst und automatisch. Meist hinterfragen wir dies auch nicht, es ist ja in Ordnung, richtig und normal.

Vera F. Birkenbihl hat zu dem Thema „Potenziale entwickeln" in ihrem Inselseminar ein schönes Bild entworfen, wie wir für die Gesellschaft auf ein Normalmaß „zurechtgestutzt" werden. In Anlehnung daran, möchte ich Ihnen mein Gedankenbild vorstellen.

Stellen Sie sich eine 5-Liter-Magnum-Flasche Sekt vor. Das sind wir bei unserer Geburt, voller prickelnder Neugierde, voller Möglichkeiten, voller entwicklungsfähigem Potenzial, immer spritzig, immer gut gelaunt, ohne Angst usw. Stellen Sie sich daneben ein kleines 0,2-Liter-Fläschchen Selters vor. Das sind wir, unser Potenzial als Erwachsene, nach dem erfolgreichen Prozess der Erziehung zum normalen Bürger und zur anerkannten Norm, unsere Möglichkeiten nicht ausschöpfend, begrenzt und manchmal sogar „beschränkt".

NLP ist also Arbeit mit Menschen mit dem positiven Ziel:

- in einer guten Verfassung zu sein (so oft und lange wie möglich)

- Alternativen fürs Handeln zu haben (vor allem attraktive) und

- in die Gänge zu kommen und zu handeln (etwas zu tun oder zu lassen).

Als erfolgreiche Therapieform wie auch als allgemeines Lernsystem hat sich NLP inzwischen sowohl im Beratungsbereich, in der Medizin, Schule und Ausbildung, als auch in der Weiterbildung von Verkäufern und Führungskräften in der freien Wirtschaft etabliert und bewährt und ist damit bei jeder Art von Verhaltensänderung kaum noch wegzudenken.

> Gesundheit ist nicht alles.
> Aber ohne sie ist alles andere nichts.
> (Arthur Schopenhauer)

Kinesiologie – was ist das?

Alles Lebendige ist in Bewegung, durchströmt von einem Energiefluss. Die Kinesiologie ist die Lehre von der Bewegung und beschäftigt sich im engeren Sinne mit dem Zusammenspiel von Nerven, Muskeln und Bewegungsabläufen. Neben der körperlichen Ebene befasst sie sich auch mit der seelischen, geistigen und übergeordneten spirituellen Ebene. In der Kinesiologie steht die Eigenverantwortung des Klienten im Vordergrund, mit dem ganzheitlichen Ziel, die eigene Balance im Körper (wieder) zu finden. Im Gleichgewicht ist der Organismus dann, wenn

- Struktur (Bewegungsapparat),

- Psyche (Gedanken und Gefühle) und

- Stoffwechsel (alle biochemischen Vorgänge im Körper)

balanciert sind. Die Kinesiologie sieht den Menschen als Einheit aus Körper, Seele und Geist. Das heißt konkret: Was wir denken und fühlen, wirkt sich auch auf unser körperliches Wohlbefinden aus. Die Anfänge der Kinesiologie liegen etwa 60 Jahre zurück und wurzeln ursprünglich in der Chiropraktik. Dr. Georg Goodheart, der Begründer der angewandten Kinesiologie, erkannte den energetischen Zusammenhang zwischen neurovaskulären[1] Punkten, bestimmten Körpermuskeln, Meridianen[2] und damit auch Organen und entwickelte eine Vielzahl von Korrekturen, durch die leicht Entspannung und Balance auf der körperlichen Ebene hergestellt werden können.

Unsere Lebensenergie kann sich schnell verringern, wenn wir etwas erleben, das mit Stress beladen ist oder sogar in Dauerstress ausartet. Dies alles beeinträchtigt unser Wohlbefinden, unsere Lebensfreude und natürlich auch unsere Lernbereitschaft. Die Kinesiologie arbeitet unter anderem mit Hilfe des Muskeltests[3] daran, den Hintergrund dieser Belastungen zu identifizieren und sie zu lösen.

Die Kinesiologie ist eine revolutionäre Methode der Vitalitätsvorsorge mit dem Ziel, Eigenverantwortlichkeit zu fördern. Sie unterstützt die persönliche Entwicklung und Lernfähigkeit durch eine bessere Zusammenarbeit der beiden Gehirnhälften, erhöht die Lebensqualität durch die Lösung von unbewussten emotionalen Konflikten (die manchmal auch körperliche Erkrankungen auslösen können) und integriert unterschiedliche alternative Heilweisen wie z. B. emotionalen Stressabbau, Akupressur, Heilung durch Essenzen, Farben, Symbole, Ernährung, Reflexzonentherapie und anderes mehr.

---

[1] Vorwiegend im Kopfbereich liegende Kontaktpunkte des Nervensystems, die die Durchblutung einzelner Organe und Muskeln positiv beeinflussen

[2] 14 aus der chinesischen Medizin stammende Leitbahnen, auf denen die Lebensenergie durch unseren Körpers fließt bzw. fließen sollte

[3] In der Kinesiologie wird meist die Kraft des „ausgestreckten" Armes einer stehenden Person getestet. Dabei versucht eine zweite Person, den Arm nach unten zu drücken.

Dennoch erhebt die Kinesiologie nicht den Anspruch, ein Wunder- oder Allheilmittel zu sein. Sie lenkt die Aufmerksamkeit nicht auf das Ungleichgewicht im Körper oder das betreffende Organ, sondern auf den Menschen als Einheit, als Ganzes. Das sind die Struktur (Bewegungsapparat), die Psyche (Gedanken und Gefühle) und der Stoffwechsel (alle biochemischen Vorgänge im Körper). Ziel der Kinesiologie ist es, die Balance dieser „Triade" im Organismus wiederzufinden oder wiederherzustellen. Mittels des so genannten Muskeltests, eine Art Biofeedback-Instrument, wird der Klient selbstverantwortlich in das Geschehen und den Prozess des Stressabbaus mit einbezogen.

Wichtig: Die Kinesiologie kann eine Behandlung durch den Arzt begleiten und unterstützen, diese aber nicht ersetzen. Bei Schmerzen und/oder anhaltenden organischen Beschwerden und Erkrankungen sollten Sie immer einen Arzt aufsuchen.

> Denken ist eine der härtesten Arbeiten,
> darum beschäftigen sich so wenige damit.
> (Henry Ford)

Positives Mentaltraining – was ist das?

Mentaltraining ist die Essenz uralter Weisheiten, mentaler Gesetze und neuester Erkenntnisse der Gehirnforschung. Positives Mentaltraining nutzt die Macht der Gedanken mittels Entspannungstechniken, Visualisierung, Imagination, (Auto-)Suggestion, klarer Zielsetzung, positivem Denken und Umdenken mit dem Ziel,

- sich selbst besser kennen zu lernen und zu entwickeln

- selbst-bewusster zu werden

- sich selbst umzustellen und positiv zu verändern

- entspannter und zufriedener zu leben

- Enttäuschungen, Ängste, Stimmungsschwankungen und Ärger zu neutralisieren.

Wichtig: Dafür müssen Sie genau wissen, was Sie wollen. Daran glauben, dass Sie es schaffen können, und dann auch die notwendigen Schritte gehen.

Wir alle nutzen täglich unseren Geist, unser Gehirn, wir alle denken ständig irgendetwas. Wissenschaftler haben herausgefunden, dass wir bis zu 50 000 Gedanken am Tag produzieren. Und wir alle sprechen ständig mit uns selbst. Viele können diese innere Stimme kaum in Zaum halten, sie plappert ständig vor sich hin, sie haben keinen Einfluss darauf – denken Sie? Sie alleine bestimmen Ihre Gedanken, niemand sonst. Sie haben die Macht über Ihre Gedanken, Sie haben die Verantwortung für die Qualität Ihrer Gedanken. Sie sind verantwortlich! Sie können es drehen und wenden, wie Sie wollen, aber daran kommen Sie nicht vorbei! Und das ist gut so, denn alles, was in unserer Verantwortung liegt, können wir beeinflussen und natürlich auch gestalten.

Und hier kommt das Wörtchen positiv ins Spiel. Jetzt geht das mit dem positiven Denken schon wieder los, werden Sie vielleicht stöhnen. Aber ich kann Sie beruhigen, es geht nicht um das positive Denken, sondern ganz klar um das positive UMdenken, um das positive TUN. Denn Macht hat nur, wer etwas macht, wie es das Wort schon sagt. Das soll heißen, nicht was Sie lesen oder wissen nützt Ihnen, sondern nur das, was Sie umsetzen, verwirklichen. Wirklichkeit heißt Wirklichkeit, weil sie wirkt.

Unsere Sprache hat so einige interessante Aspekte, wenn Sie diese einmal genauer betrachten. Nehmen Sie z. B. das Wort Enttäuschung. Was verbirgt sich eigentlich hinter diesem Wort? Vielleicht denken Sie an negative Emotionen, Schmerzen, Tränen oder Ähnliches. Dann schauen Sie doch einmal genauer hin: ENT-Täuschung. Heißt das nicht, dass eine Täuschung aufgedeckt und gelöst wird? Sollte dieser Umstand dann nicht Erleichterung statt

Tränen bringen? Oder das Wort Erfolg. Das ist das, was Ihrem Tun folgt. Manche Zeitgenossen denken zwar immer wieder, man könnte die Leiter des Erfolgs mit den Händen in der Tasche erklimmen, aber das ist ein Trugschluss. Der Weg zum Erfolg führt nur selten über eine komfortable Rolltreppe, auf die ich unten nur den ersten kleinen Schritt machen muss. Ein phantastisches Wörtchen ist auch Leben. Haben Sie das schon einmal von rechts nach links gelesen? Welches Wort lesen Sie dann? – Genau: Nebel. Ist nun nicht verständlich, dass einige Menschen das pralle Leben genießen, während andere nur jammern, kein Licht am Ende des Tunnels sehen, sozusagen im Nebel stochern? Statt also hin und her zu denken und auf Wunder zu warten, sollten Sie Ihre Gedanken auf ein Ziel – Ihr selbst gestecktes Ziel – konzentrieren. Das setzt zusätzliche Energie frei, zur Erreichung Ihres Zieles.

Konzentration und Gedankendisziplin bringen Sie ans Ziel. Darum war es wichtig, dass Sie sich bereits zu Beginn der Lektüre auf Ihr Ziel konzentriert haben. (Falls Sie diesen Teil übersprungen haben, sollten Sie zunächst noch einmal zu den Tipps der „Gebrauchsanleitung" zurückkehren.)

Wie sollten also Ihre Ziele formuliert sein, damit eine Sog-Wirkung davon ausgeht und diese Ziele wirklich attraktiv werden? Ganz einfach: Klar definierte Zielsetzungen …

- müssen positiv und schriftlich formuliert sein
- müssen möglichst exakt beschrieben sein (denn in Obst können Sie auch nicht hineinbeißen)
- dürfen keine Vergleiche enthalten (mehr, weniger)
- müssen selbst erreichbar sein
- müssen einen festen Vollzugstermin haben, der nicht zu weit in der Zukunft liegt (ansonsten Teilziele vereinbaren)
- müssen überprüfbar sein (sinnesspezifische Zielerkennungskriterien)
- müssen „ökologisch" sein (persönliche Umfeldverträglichkeit).

Wussten Sie, dass weniger als 5 Prozent der Menschen wirkliche Ziele haben? Immer wieder neue Träume, sich immer wieder neue Ziele zu setzen, heißt keine Ziele zu haben. Woran liegt das, fragen Sie vielleicht jetzt? – An der Angst vor dem Versagen und an der mangelnden Bereitschaft, den Preis dafür zu zahlen. Im Erfolgstraining gibt es zwei kleine Zauberwörter, wenn man etwas erreichen will: ZUERST und TUN. Wenn Sie etwas erreichen wollen, müssen Sie immer zuerst in Vorleistung gehen, müssen Sie immer zuerst etwas tun, bevor Sie erreichen können, was Sie gerne hätten.

Beispiel:

Gehaltserhöhung. Sie müssen Ihrem Chef erst über einen längeren Zeitraum zeigen, dass Sie besser als der Durchschnitt sind. Die Forderung: „Chef, wenn ich mehr verdiene, leiste ich mehr!" wird wohl kaum zum Erfolg führen. Wenn Sie Pech haben, erreichen Sie damit genau das Gegenteil.

Das ist eines der elementaren Naturgesetze: säen und ernten. Und nicht umgekehrt! Gewinner geben zuerst, bevor Sie nehmen. Verlierer fordern, wollen immer zuerst entnehmen, bevor Sie zu geben bereit sind.

Ein weiteres mentales Gesetz lautet: Wie innen – so außen. Sie können nur erreichen, was Sie sich auch vorstellen können. Sie sind wie ein lebender Magnet, der in seinem Umfeld, in seiner Außenwelt genau das anzieht, was er im Innern sieht, denkt, kommuniziert, fühlt, erlebt.

Jeder Mensch kann drei mentale Kräfte einsetzen und für sich nutzen

- **Bewusstsein:** Unsere Gedanken und unser bewusstes Handeln.

- **Unterbewusstsein:** Speichert unsere Erfahrungen, unsere Programme und steuert unser unbewusstes Handeln. Sitz der Gefühle und Erinnerungen, Schaltzentrale unserer unbewussten, autonomen Körperfunktionen. Hier „verbringen" wir die meiste Zeit. Es arbeitet ca. 700-mal schneller als unser Bewusstsein. Es vertraut darauf, dass alles, was wir denken, auch unser Wunsch ist, nimmt diese Gedanken als Befehl auf und hilft bei der Verwirklichung, ohne zu überprüfen, ob Sie das auch wirklich wollen oder nicht. Ihr Unterbewusstsein versteht keine Verneinungen!!! Auf ca. 1 mm bewusstes Handeln kommen ca. 12 km unbewusstes Handeln. Was für eine Relation!

- **Überbewusstsein:** Spirituelle Ebene, auf der es keine Trennung mehr gibt. Die eigentliche Existenz allen Seins.

Das Naturgesetz von Ursache und Wirkung oder Aktion und Reaktion kennen Sie vielleicht noch aus dem Physikunterricht in der Schule. Leider wurde seinerzeit vergessen uns darauf hinzuweisen, dass es sich hierbei um ein elementares, weiteres Naturgesetz handelt. Dieses Kausalitätsprinzip eignet sich hervorragend als Erklärungsmodell für unsere Wirklichkeit.

> Ursache => Wirkung

Dieses Ursache-Wirkungs-Gesetz besagt vereinfacht Folgendes: Wo immer eine Ursache ist, muss auch immer eine Wirkung eintreten. Oder umgekehrt: Wo eine Wirkung ist, muss dieser Wirkung gesetzmäßig immer eine Ursache vorausgegangen sein. Das eine gibt es nicht ohne das andere. Nimmt man eine Seite weg, gibt es auch die andere nicht. Macht das Sinn für Sie? Na sicher, werden Sie sagen. Prima, dann erweitern wir jetzt das Ganze und stellen uns die Frage: Was ist überhaupt eine Ursache? In unserem vereinfachten Denkmodell können wir Ursache gleich Gedanken setzen. Daraus ergibt sich nun Folgendes:

> Gedanke = Ursache => Wirkung

Meine Gedanken sind Ursache, und dieser folgt gesetzmäßig eine entsprechende Wirkung. Oder umgekehrt: Meine momentane Situation ist die Wirkung meiner früheren Gedanken. Aus dieser zentralen Erkenntnis lässt sich folgende Schlussfolgerung ziehen: Wenn Sie zukünftig andere Ergebnisse erhalten wollen als bisher, müssen Sie lediglich Ihr Denken ändern! Macht das nicht Mut? Kommt da nicht Freude auf? – So einfach ist das. Sie müssen nur in Ihrer Denkfabrik ein neues, besseres Produkt oder besser gleich eine ganze neue, bessere Produktlinie produzieren und schon haben Sie mehr Erfolg am Markt.

Diese uralte Weisheit können Sie in den Pyramiden von Gizeh in Ägypten nachlesen: Anderes Denken führt zum Glauben daran. Das wiederum brachte die Menschen dazu, ein verändertes Handeln an den Tag zu legen, was wiederum dazu führte, dass es andere Ergebnisse gab.

Was jeder wissen sollte

Und wenn Sie diese Weisheit noch mit der uralten Erkenntnis von Anon verknüpfen, wird Ihnen die Macht Ihrer Gedanken und damit des Mentaltrainings für IHR LEBEN noch deutlicher:

> Säe einen Gedanken und du kannst eine Tat ernten;
> säe eine Tat und du kannst eine Gewohnheit ernten;
> säe eine Gewohnheit und du kannst Charakter ernten;
> säe Charakter und du erfüllst deine Bestimmung.

Unser Denken und unser Glauben (damit ist nicht eine religiöse Glaubensrichtung gemeint, sondern die Dinge im Leben, die wir absolut für wahr erachten und felsenfest daran glauben, dass es so ist) bestimmen maßgeblich die Qualität unseres Lebens, unseres Wohlbefindens und schließlich unsere Zukunft, unser Schicksal.

Wie funktioniert positives Mentaltraining?

Mental trainieren heißt den eigenen Geist trainieren, heißt stetiges Üben, heißt Konzentration auf positive Ergebnisse, heißt positiv gestimmt sein und entspannen können. Um die Möglichkeiten Ihrer Denkfabrik optimal zu nutzen, müssen Sie kontinuierlich, selbstdiszipliniert und täglich an sich selbst arbeiten. Sporadisch ausgeführt, kann es zwar zu einer guten Entspannung führen, Sie nutzen jedoch so die Möglichkeiten dieses Instrumentes, Ihr Leben zu verändern nur minimal bis gar nicht aus. Und glauben Sie jetzt bloß nicht, dass Sie damit über Nacht zum Übermenschen werden. Es dauert seine Zeit und braucht einiges an Pflege, wie in der Natur auch, bis Sie die Ernte einfahren können. Ein heute frisch gepflanzter Obstbaum trägt nicht morgen schon die prächtigsten Früchte an seinen Ästen. Am besten trainieren Sie regelmäßig, täglich, falls möglich zur gleichen Zeit ca. 15–20 Minuten. Wann Sie am Tag trainieren ist egal, solange Sie noch ein wenig fit sind. Ihr Unterbewusstsein kann sich so gut darauf einstellen und spätestens nach 1–3 Monaten können Sie die ersten größeren Früchte ernten und feststellen, wie sich Ihre

Denkgewohnheiten zum Positiven hin verändert haben. Sie haben es in der Hand, Ihre Stimmungslage zu beeinflussen. Sie sind verantwortlich! Wenn Sie schon zu müde sind, kann es passieren, dass Sie einschlafen. Dies dient zwar der Erholung und Entspannung, aber weniger dem Erreichen Ihrer Ziele.

Übungsanleitung zum positiven Mentaltraining

1. Suchen Sie sich einen angenehmen, bequemen Platz, an dem Sie für ca. 15–20 Minuten ungestört trainieren können. Probieren Sie aus, ob Sie lieber im Sitzen oder besser im Liegen trainieren möchten. Formulieren Sie ein positives Ziel für Ihre mentale Sitzung. Was möchten Sie gerne mit dieser mentalen Sitzung erreichen? – Sie wissen: konkret, positiv, am besten schriftlich.

2. Entspannen Sie sich, atmen Sie mehrmals tief durch die Nase in den Bauch ein, halten Sie die Luft kurz an und atmen Sie ganz langsam durch den Mund wieder aus. Achten Sie auf Ihren Atem, spüren Sie, wie er ein- und ausströmt, wie sich Ihre Bauchdecke auf und ab bewegt. Konzentrieren Sie sich einige Atemzüge darauf und genießen Sie die Entspannung.

3. Recken und strecken Sie sich nun kurz. Strecken Sie Arme und Beine weit vom Körper weg. Ballen Sie die Fäuste und spreizen Sie die Finger mehrmals kräftig. Machen Sie mit geschlossenen Augen Grimassen, entspannen Sie Ihre Gesichtsmuskulatur. Jetzt sind Sie in der richtigen psychophysischen Verfassung für Ihr positives Mentaltraining. Sie wissen, was Sie wollen, sind fokussiert, entspannt, konzentriert und offen für neue mentale Impulse.

4. Schließen Sie nun die Augen. Lassen Sie die Augenlider und Mundwinkel locker, entspannen Sie so noch mehr. Lächeln Sie! – Spüren Sie die Veränderung. Zählen Sie nun

noch: Übungsanleitung zum positiven Mentaltraining

langsam von 50 bis 1 und stellen Sie sich dabei vor, dass Sie langsam eine Treppe oder einen Berg hinunterlaufen. Bei 1 sind Sie auf einer noch tieferen Entspannungsstufe (Ihrer mentalen Grundstufe) als zuvor.

Nach ca. zehn Tagen Training können Sie von 25 aus zurückzählen, nach weiteren zehn Tagen Training von 10 aus bis 1 mit der gleichen wohltuenden Wirkung.

5. Stellen Sie sich auf Ihrer mentalen Grundstufe einen großen Bildschirm oder eine Leinwand vor, auf dem bzw. der Sie nun vor Ihrem inneren Auge einen positiven Film ablaufen lassen. Sie sind Regisseur, Inhalt des Films ist Ihr selbst gesetztes Ziel. Sehen Sie sich – aus einem Regiestuhl – in der Hauptrolle, im Mittelpunkt. Achten Sie als Regisseur darauf, dass nur positive Bilder in Ihrem Film vorkommen. Achten Sie auf die richtige Musik, die passenden Farben, Gerüche usw. Genießen Sie diesen Film mit allen fünf Sinnen. Wiederholen Sie den Film mehrmals. Der Film ist absolut positiv, phänomenal, kurz: ein Kassenschlager! Sie sind stolz auf sich und genießen den Erfolg!

6. Zählen Sie von 1 bis 5 mit geschlossenen Augen. Bei 5 öffnen Sie langsam wieder Ihre Augen, recken und strecken Sie sich noch einmal kurz. Sagen Sie sich laut und mit kräftiger Stimme: „Ich bin hellwach, voller Energie und fühle mich besser als zuvor!"

   Wiederholen Sie diesen Film an fünf aufeinander folgenden Tagen und dann lassen Sie dieses Thema los. Ihr Unterbewusstsein ist auf das Erreichen dieses Themas programmiert.

Probieren Sie es doch am besten gleich einmal aus. Und spüren Sie, wie gut es tut, sich auf sich und seine Ziele zu konzentrieren.

Noch eine kleine Geschichte zum Schluss:

Die Erfüllung aller Wünsche

Ein Wanderer machte Rast nach einem anstrengenden Tag. Er setzte sich unter einen Baum und ruhte seine müden Füße aus. „Wie schön wäre jetzt ein kühles Getränk", dachte er – und schon stand eine Karaffe mit kühlem, kristallklarem Wasser vor ihm. Der Mann nahm einen großen Schluck und dachte: „Das ist ja wunderbar! Etwas zu essen dazu wäre aber auch nicht schlecht." Auch dieser Wunsch wurde sofort erfüllt. So wünschte er sich noch einen bequemen Sessel, Musik und allerlei andere Dinge. Als er keinen Bissen und keinen Schluck mehr hinunterbekam, dachte er: „Wenn ich jetzt ein Bett hätte, wie schön wäre das" und schon lag er in einem angenehmen, großen, weichen Bett. Kurz bevor er einschlief, dachte er noch: „Wenn jetzt ein Tiger kommt." (E. Hatzelmann)

> Dieser Planet ist das Irrenhaus des Universums.
> (George Bernhard Shaw)

Wie Ärger entsteht

Wie Sie bereits aus dem Abschnitt „Neurolinguistisches Programmieren – was ist das?" erfahren haben, kommen wir alle in der Regel vollkommen auf die Welt. Uns stehen sozusagen alle Türen offen, um unsere Potenziale zu entwickeln, auszuschöpfen und zu wachsen. So haben wir als Neugeborene z. B. keine Angst, außer vor lauten Geräuschen, kennen keinen Ärger, sind neugierig, gut gelaunt usw. – einfach perfekt.

Und was geschieht dann im Laufe der ersten Jahre unseres Daseins auf diesem Planeten? Nachdem wir den Geburtsschock, das grelle Licht und die Kälte des Kreissaales auf unserem nackten, nassen Körper und den ersten Schlag auf den Po heil überstanden haben (Tja, als stolze Eltern sollten Sie das freudige Ereignis der Geburt einmal aus der Sicht des Babys betrachten, da sieht das Ganze etwas anders aus ...), dann erleben und erfahren wir die Welt der großen Menschen mit unseren kleinen Augen und Ohren, die neugierig alles aufsaugen, was sie nur wahrnehmen können – die Welt unserer Vorbilder, zu denen wir Kleinen aufblicken. Diese so genannten vernünftigen Erwachsenen, die alles zu wissen scheinen, all die wichtigen Erfahrungen im Leben schon gemacht haben und uns nun davon profitieren lassen wollen, damit wir es einmal besser haben als sie. Toll, super – aber manchmal ist es gar nicht schlecht seine eigenen Erfahrungen zu machen. Das wäre jetzt allerdings ein anderes Thema. Also, zurück zum Lernen von den Großen.

Sehr schnell lernen wir durch Abschauen, Kopieren und Nachahmen Folgendes: Wenn etwas nicht so läuft, wie Mann oder Frau sich das im Hinterstübchen ausgedacht hat, dann muss man auf jeden Fall gereizt, zornig, ärgerlich reagieren, und zur Unterstreichung des Ganzen die Tür mit viel Schwung zuknallen, mit der Faust auf den Tisch klopfen, schreien, weinen etc., damit man das bekommt, was man will.

Das ist doch für uns Kleine kein Problem. Gedankenlos leicht wird übernommen und sofort für die Ewigkeit archiviert. Prima, wieder etwas von den Erwachsenen gelernt: Ä r g e r. Nur, leider haben diese Großen häufig selbst noch nicht gelernt und können uns deswegen auch kein Patentrezept mit auf den Weg geben, wie wir den Ärger, dieses Gefühl der Hyperaktivität, der Bewegung gegen alles, der Anspannung und des Kontrollverlustes, der Ohnmacht danach wieder loswerden. Zum Glück gibt es dafür unter anderem jetzt dieses Buch, welches Sie in Händen halten und gerade durcharbeiten oder wenigstens lesen. Herzlichen Glückwunsch, dass Sie sich auf den Weg gemacht haben, etwas GUTES für sich selbst zu tun! Wollen wir uns aber zunächst anschauen, wie unterschiedlich die Ärger-Bilder und Ärger-Metaphern in den Köpfen der Menschen sind und welche unterschiedlichen Gefühle Ärger erzeugen kann.

Ärger – eine Metapher?

Was ist eine Metapher? – Eine Metapher ist kurz gesagt eine bildhafte Übertragung. Also, welches Bild Sie im Kopf haben, wenn Sie sich z. B. ärgern. Welche Ausdrücke verwenden Sie, wenn Sie Ihren Ärger beschreiben oder mit anderen darüber sprechen?

Lassen Sie sich doch einfach einmal von der zentralen Ärger-Metapher (nach Kövecses)[4] anregen:

1. Ärger ist eine erhitzte Flüssigkeit in einem Behälter:

    - Er kochte vor Wut
    - Ich erreichte meinen Siedepunkt
    - Sie musste Dampf ablassen

    Kühle und Ruhe entsprechen einem Mangel an Ärger:

    - Bleib kühl!
    - Bleib ruhig!

    Wenn die Intensität des Ärgers wächst, schwillt die Flüssigkeit:

    - Sein Ärger wallte auf
    - Ihr Ärger baute sich langsam auf

    Hitze erzeugt Schaum bzw. Dampf sowie Druck auf den Behälter:

    - Er schäumte vor Wut
    - Sie platzte vor Wut
    - Er explodierte vor Wut

    Wenn eine Person explodiert, kommt heraus, was innen war:

    - Er ließ seinem Ärger freien Lauf
    - Sie spuckte Gift und Galle
    - Ich konnte meine Wut nicht mehr zurückhalten

---

[4]   aus: Psychologie des Ärgers, Ulrich Mees (Hrsg.), Hogrefe 1992, S. 76 f.

2. Ärger ist Feuer:

- Er goss Benzin ins Feuer
- Sein Ärger schwelte noch tagelang
- Sie verzehrte sich vor ohnmächtiger Wut

3. Ärger ist Krankheit:

- Er wurde zum Berserker
- Sie war wie von Sinnen

4. Ärger ist ein Gegner in einem Kampf:

- Ich kämpfte mit meiner Wut
- Du musst deinen Ärger überwinden/beschwichtigen
- Er rang mit seinem Ärger
- Sie wurde von ihrer Wut ergriffen/gepackt
- Er wurde von seinem Zorn übermannt
- Sie verlor die Kontrolle über ihre Wut

Wie lautet nun Ihre ganz persönliche Ärger-Metapher? Mit welchem Bild, mit welchen Begriffen würden Sie Ihre Emotion in einer Ärger-Situation beschreiben?

....

....

Vielleicht fragen Sie sich nun, was soll das denn!? Ich wollte in diesem Buch erfahren, wie ich den Ärger und die dazugehörigen Gefühle los werde.

Das kann ich gut verstehen. Ich bitte Sie trotzdem an dieser Stelle darum, obige leere Zeilen mit Leben zu füllen, bevor Sie weiterlesen (!), denn vor dem gewünschten Zustand sollten Sie eine Standortbestimmung machen. Und dazu gehört der Entwurf Ihrer eigenen Ärger-Metapher.

Weitere Fragen zur Standortbestimmung, die Sie jetzt beantworten sollten, bevor Sie weiterlesen:

Wie oft am Tag und wie lange ärgern Sie sich über irgendetwas oder irgendjemanden?

....

Sind es verschiedene Gründe oder immer der gleiche?

....

Gibt es einen persönlichen Ärger-Favoriten? – Platz 1 geht an:

....

Wenn Sie sich über „Platz 1" ärgern, wie fühlen Sie sich?

....

Wo konkret spüren Sie dieses Gefühl im Körper?

....

Was ist das allererste Anzeichen dafür, dass dieses Gefühl demnächst auftaucht?

....

Wofür ist es eventuell gut und hilfreich, dass Sie sich darüber ärgern?

....

Was können Sie dadurch eventuell besser?

....

Was können Sie dadurch (leider) nicht?

....

Was jeder wissen sollte

Welche Idee haben Sie spontan jetzt schon, was Sie Besseres tun könnten anstatt sich in dieser Situation zu ärgern?

....

Drei Vorteile, die es Ihnen bringen würde, wenn Sie sich in dieser Situation zukünftig nicht mehr ärgern würden:

- ....

- ....

- ....

Nachdem Sie sich einige Gedanken zu Ihrer wichtigsten Ärger-Situation gemacht haben, sollten Sie Ihre persönliche Ärger-Metapher noch einmal überdenken. Stimmt sie noch? Haben sich irgendwelche neuen Aspekte ergeben? Wie lautet Ihre ganz persönliche Ärger-Metapher für Ihren Ärger-Favoriten auf Platz 1? Mit welchen Begriffen würden Sie Ihre Emotion in dieser Ärger-Situation beschreiben?

....

....

Achtung: Situationen und Zeiten, in denen Sie sich geärgert haben, sind verlorene Momente, da Sie in dieser Zeit Ihr Leben nicht genossen haben. Sie haben Ihre kostbare, wertvolle Lebenszeit damit vergeudet, sich Verdruss zu produzieren! – Weshalb tun Sie sich das eigentlich an? Und weshalb immer wieder? Und weshalb oftmals mit immer den gleichen Themen, Personen und Umständen?

Na ja, vielleicht werden Sie jetzt auf diese etwas naiven Fragen entgegnen, dass Sie schließlich einen triftigen Grund hatten, sich maßlos zu ärgern. Das ist doch wohl völlig normal, sich in entsprechenden Situationen zu ärgern, zu grämen, zornig zu werden

www.fit-for-business.de

oder gar auszurasten. Und sicherlich sind Sie im Moment (noch) felsenfest davon überzeugt, dass Sie dagegen nichts, rein gar nichts tun können, weil der Ärger einfach über Sie kommt, weil Sie so etwas nicht einfach ansehen, ertragen, hinnehmen können, und, und, und ...

Praxis-Tipp:

Wut und Ärger sind keine Naturgesetze. Niemand kann Sie zwingen sich zu ärgern. Es gibt nur eine einzige vollkommene Macht auf dieser Welt, die wir – Sie und ich – haben und das ist die Macht über unsere Gedanken! – Nutzen Sie diese Macht! Vergeuden Sie nicht Ihr Potenzial! Den Sinn oder besser Unsinn dieses Gefühls Ä r g e r können Sie relativ einfach an den körperlichen Begleitsymptomen, den biochemischen Reaktionen des Körpers, ablesen.

Biochemische Prozesse in uns

Keine Angst, jetzt folgt keine ausführliche medizinische Erläuterung und Debatte zum Thema Ärger, dafür haben Sie ja Ihren Hausarzt, Internisten, Heilpraktiker oder Kinesiologen. Aber einige kleine Hinweise seien mir an dieser Stelle doch erlaubt und ich weiß, wenn Sie mit Ärger ein Problem haben, dann kennen Sie das ein oder andere Symptom aus eigener (hoffentlich nicht zu schmerzhafter) Erfahrung.

Wann immer Sie sich so richtig ärgern, wütend werden, wenn Sie sozusagen „platzen könnten vor Wut", treten bestimmte körperliche Begleiterscheinungen auf. In der Regel steigt Ihr Blutdruck, Ihr Blut rast durch den Körper. Da ist Aufgeregtheit, ein Gefühl, überstimuliert zu sein, überbelastet, Ihr Herz schlägt schneller, Ihr Körper scheint sich zu beschleunigen. Sie fühlen, dass Sie explodieren oder bersten werden, als sei da zu viel innen drin, als dass

Sie das halten könnten. Ihre Fäuste sind geballt, Ihre Sinne und Wahrnehmung werden eingeengt, Ihre Aufmerksamkeit ist an eine einzige Sache geheftet – da ist ein Druck, einen anderen anzugreifen, zu verletzen, zu schlagen, zu treten, ein Impuls draufloszuschlagen, -loszuhämmern, etwas zu zerbrechen, zu treten, zu beißen. Sie sind schnell irritiert, bereit aufzubrausen, Ihr Gesicht und Mund sind hart, Ihr ganzer Körper, alle Muskeln sind angespannt und Ihre Zähne sind zusammengebissen. Sie sind gefangen in Ihrem Körper und von Gefühlen überwältigt – ein Gefühl, von der Situation gepackt zu sein.

Diese biochemischen Veränderungen in uns haben, wie die vorausgegangene Beschreibung zeigt, nur einen einzigen Zweck, nämlich Ihren Körper auf Kampf vorzubereiten! Es ist ein Gefühl, das uns von Mutter Natur mitgegeben wurde, um kurzfristig schnell Energie freizusetzen und Hindernisse beiseite räumen zu können. In Urzeiten waren diese Emotionen sehr praktisch, weil beispielsweise ein Neandertaler Hindernisse mit körperlicher Gewalt beseitigte, was ihm half zu überleben, wenn der Säbelzahntiger unverhofft um die Ecke bog. Auch wurde in jenen Zeiten der Stärkste einer Gruppe der Anführer. Dieser bekam die tollsten Frauen und hatte Privilegien. Wer der Stärkste war, wurde durch körperlichen Kampf ermittelt. Ähnliches läuft ab, wenn Sie Stress oder Angst haben, wenn Sie angegriffen werden. Kurz: Flucht- oder Kampfreflex wird dieses Urprogramm genannt. Und wie das Wort Reflex schon sagt, laufen die Prozesse automatisch und unbewusst ab. Ohne unser bewusstes Zutun, ohne zusätzliche Gedanken, reibungslos seit Millionen von Jahren.

Im Klartext heißt das: Zorn, Ärger und Wut sind nur dann sinnvolle Gefühle und Reaktionen, wenn Sie körperlich angreifen können und wollen. Wenn Sie mit körperlicher Kraft irgendjemand oder irgendetwas beiseite räumen können, dies dann auch tun und damit Ihr Ziel erreichen! Der einzige Sinn dieses Gefühls ist also: K a m p f. Wann immer Sie dieses Gefühl haben, ohne kämpfen zu können oder zu wollen, ergibt dieses Gefühl keinen Sinn. Es ist absolut unsinnig. Bedenken Sie: Ein durch Ärger verursachter Wutausbruch verbraucht genauso viel Energie wie acht (!!!) Stunden Arbeit, und wer macht schon gerne unbezahlte Überstunden? – Sie vielleicht? Ich jedenfalls nicht, na ja nur ganz selten, wenn es unbedingt sein muss oder einfach Spaß macht und die Zeit im Flug vergeht.

Heute leben wir in einer völlig anderen Welt. Heute erreicht man ein Ziel nicht dadurch, dass man jemand anderem eine Keule über den Schädel zieht, sondern durch Intelligenz, Schlagfertigkeit, Geld und ähnliche Dinge. Der körperliche Kampf wird nur noch ganz selten benötigt, um an das Ziel seiner Wünsche zu kommen. Sehen Sie sich Ihre favorisierte Ärger-Situation unter diesem Aspekt an:

- Haben Sie in dieser oder diesen Situationen körperlich angegriffen?

- Falls Sie das haben, haben Sie durch diese Angriffe Ihre Ziele erreicht?

- Was hatten Sie davon, wenn Sie nicht angriffen – sich aber trotzdem ärgerten?

Beispiel: _____

Stellen Sie sich einmal folgende (für viele Eltern vielleicht bekannte) Situation vor: Sie haben beim Frühstück Ihrem Kind aufgetragen, heute bis 17.30 Uhr sein Zimmer aufzuräumen. Um 17.30 Uhr kommen Sie geschafft und abgespannt von der Arbeit nach Hause, und was ist getan? – Genau, Ihr Kind hat sein Zimmer nicht aufgeräumt. Wenn Sie sich jetzt darüber ärgern, haben Sie die Reaktionen eines angreifenden Neandertalers im Blut. Sowohl Ihr Puls und Blutdruck als auch Ihre Muskelspannung und Blutfettwerte steigen. Adrenalin und Noradrenalin werden ausgeschüttet und der Körper stellt sich auf einen Kampf ein. Nehmen wir nun an, einer Ihrer Grundsätze in der Erziehung wäre, Ihr Kind nicht zu schlagen. Was wollen Sie nun mit diesen veränderten körperlichen Reaktionen machen? Wen wollen Sie jetzt attackieren? Wenn Sie aber Ihr Kind nicht angreifen, dann haben Sie ein Problem: ohnmächtige Wut. In dieser Ohnmacht stecken Sie nun fest, Sie schmoren sozusagen im „eigenen Saft". Ihr Maximum an Genuss und Lebensfreude ist in diesem Moment kilometerweit weg. Und was haben Sie damit erreicht?

Über welche Person oder Sache haben Sie sich zuletzt geärgert? Haben Sie in dieser Situation körperlich angegriffen? Hatten Sie dabei ein Maximum an Lebensfreude und Genuss (falls ja, lässt das tief blicken)? Hat Sie dieses Gefühl in irgendeiner Art und Weise weitergebracht? Haben Sie zur Lösung des Problems den Ärger gebraucht oder wäre die Lösung auch ohne Ärger möglich gewesen? Ein Großteil dessen, worüber sich der heutige Mensch ärgert, kann mit körperlichem Kampf nicht beseitigt werden. Die körperlichen Veränderungen durch erhöhte Ärgerneigung sind also ebenfalls völlig sinnlos und führen neben einem Maximum an Verdruss nur zu diversen psychosomatischen Beschwerden und Erkrankungen, wie anhaltende schlechte Laune und Verdrossenheit, Appetitlosigkeit, Spannungskopfschmerzen und Migräne, Bluthochdruck, koronare Herzerkrankungen, Krebs, Magenbeschwerden bis hin zu Magengeschwüren, womöglich Magendurchbruch und Tod.

Klingt nicht so verlockend – oder? Tun Sie etwas dagegen! Besonders wenn Sie bereits an einem dieser Krankheitsbilder leiden. Und ich weiß vom eigenen Erleben, wovon ich hier spreche. Vielleicht haben Sie auch die Beobachtung gemacht, dass gerade Migräne (bereits bei Kindern), Herz-Kreislauf- und Krebserkrankungen in den letzten Jahren immer mehr zunehmen. In meinem weitläufigen Bekanntenkreis ist das jedenfalls leider so. Und ich bin mir sicher, dass dies nicht zuletzt auch mit unserer

Leistungsgesellschaft, den stetig steigenden Anforderungen im Job, enormem Stress, Angst um den Arbeitsplatz, fehlenden persönlichen Zielen, mehr verdienen wollen, fehlender Entspannung, fehlenden Anti-Ärger-Strategien usw. zu tun hat. Auch das war für mich eine Motivation dieses Buch zu schreiben.

Praxis-Tipp:

Werden Sie ein positiver, aktiver UMDENKER. Werden Sie krea*k*tiv! Es liegt in Ihrer Hand, in Ihrer Verantwortung. Sie können diese Verantwortung nicht gänzlich an Ihren Arzt, die Pharmaindustrie oder wen auch sonst delegieren. Sie sind gefragt und gefordert! Ich bin mir sicher, wenn Sie wirklich etwas verändern wollen, wenn Sie sich auf Seite 15 verpflichtet haben, wenn Sie bereit sind und daran glauben, dass Sie Ihr Ziel mit kleinen und kleinsten Schritten mühelos erreichen, es bereits bildlich vor sich sehen, dann werden Sie es auch schaffen!

> Du kannst dich über alles, jeden und zu jeder Zeit ärgern.
> Du bist aber nicht dazu verpflichtet!
> (in Anlehnung an Bruder Aloisius)

Unsere „Programme"

Eine kleine Geschichte vorab:

Die Macht des Faktischen

Eine stachelige Raupe sprach zu sich selbst: Was man ist, das ist man. Man muss sich annehmen, wie man ist, mit Haut und Haaren. Was zählt, ist das Faktische. Alles andere sind Träume. Meine Lebenserfahrung lässt keinen anderen Schluss zu: Niemand kann aus seiner Haut. Als die Raupe dies gesagt hatte, flog neben ihr ein wunderschöner Schmetterling auf. Es war, als ob Gott gelächelt hätte. (Lindolfo Weingärtner)

Was jeder wissen sollte

Die meisten Menschen meinen, gegen den Ärger könne man wohl nichts unternehmen. Der eine habe eben wenig, der andere dafür sehr, sehr viel davon. Es liegt eben an den äußeren Umständen, den anderen: dem Partner, den Kindern, dem Chef, dem Mitarbeiter, dem Penner, dem unfreundlichen Verkäufer, dem schlitzohrigen Vertreter, dem Sonntagsfahrer, dem notorischen Linksfahrer, dem Radfahrer oder Skater in der Fußgängerzone, dem Falschparker, dem nervigen Geräusch, dem langsamen Postbeamten, und all den anderen uneinsichtigen Zeitgenossen und widrigen Umständen, ob man sich wenig oder viel ärgern müsse. Dies ist eine bequeme, jedoch absolut irrige Meinung, die nur dazu beiträgt, dass sich die schlechte Gewohnheit des Ärgers (= seelische Infektionskrankheit) immer mehr ausbreitet, nicht zuletzt dadurch, dass einer den anderen ärgert und ansteckt, um so vermeintlich seinen eigenen Ärger loszuwerden.

In Wahrheit handelt es sich beim häufigen Ärgern nur um eine schlechte Lebensgewohnheit, die die meisten schon von Kindesbeinen an von Eltern, Großeltern, Geschwistern, Nachbarn, Schulkameraden etc. übernommen haben. Dies wird daran deutlich, dass es äußerst unterschiedliche Ärgergewohnheiten gibt.

Ärger ist nie draußen, sondern steckt immer in einem selbst. Die äußeren Anlässe können sein, wie sie wollen – ob man sich darüber ärgert oder nicht, liegt immer an einem selbst. Unser Glück – aber darüber haben Sie vielleicht bis jetzt noch nicht nachgedacht – ist folgendes: Da wir das Sich-ärgern-Müssen seinerzeit einmal gelernt haben – und was haben wir in unserer Schulzeit nicht noch alles gelernt –, können wir uns das Ärgern jederzeit auch wieder abgewöhnen und verlernen, oder haben Sie noch Ihr gesamtes Schulwissen parat? Prima, super – wir können diese schlechte Angewohnheit also tatsächlich wieder loswerden und sozusagen verlernen. Dazu müssen Sie nur etwas Einsicht und guten Willen aufbringen. Das ist schon fast alles, was Sie tun müssen! Das ist doch nicht zu viel verlangt – oder?

Denken Sie daran, wie viel mehr Spaß, Energie und Lebensfreude Sie auf der anderen Seite dafür bekommen!!! Das ist doch lohnenswert. Das ist doch attraktiv. Und wir haben die Wahl. Sie haben immer die Wahl, ob Sie sich ärgern oder die Zeit effektiver mit angenehmeren Dingen und Gedanken verbringen wollen. Die Entscheidung liegt ganz bei Ihnen. Ob Sie Ihre Macht abgeben, kontrolliert werden oder selbst kontrollieren wollen. Ob Sie abhängig oder verantwortlich sein wollen. Und ich versichere Ihnen, wenn Sie die Verantwortung für Ihr Leben übernehmen und sie nicht an andere abgeben, nicht die Schuld immer zuerst bei anderen suchen, werden Sie garantiert mehr Energie, Lebensfreude und Erfolg haben.

Praxis-Tipp:

Ihr Lebensmotto sollte ab sofort lauten: Ich bin verantwortlich! Ich bin für mein Leben alleine verantwortlich!! Es geht mir damit von Stunde zu Stunde immer besser, besser und besser!!! Atmen Sie tief durch und wiederholen Sie diese Sätze mindestens zehnmal täglich laut, mit kräftiger Stimme, voller Überzeugung. Auf diesem einfachen Weg verändern Sie Ihr Unterbewusstsein. Sie können es zwar nicht bedenken, aber Sie können Ihr Unterbewusstsein besprechen und es hört Ihnen sogar zu, wenn Sie voller Überzeugung mit kräftiger Stimme zu ihm sprechen. Das ist der effektivste und einfachste Weg einen neuen „Glauben" in Ihr Nervensystem zu prägen. Wichtig allerdings: Formulieren Sie Ihre Beteuerungen stets positiv, da Ihr Gehirn nur positive Bilder verarbeiten kann.

Positive Beteuerungen (Affirmationen)

- Ich mag/liebe mich bedingungslos.

- Ich bin erfolgreich.

- Ich verdiene es, Erfolg zu haben.

- Ich bin ruhig und gelassen.

- Ich wähle Zuversicht, innere Sicherheit und Begeisterung für mein Leben.

- Ich bin stolz auf meine Leistungen.

- Ich bin zielstrebig, motiviert und selbstbewusst.

- Ich bin gesund.

- Es geht mir von Tag zu Tag und in jeder Hinsicht immer besser, besser und besser.

Finden Sie drei weitere positive, hilfreiche Affirmationen, die Ihnen sicherlich gut tun werden. Sie sollten in der Gegenwartsform, persönlich und positiv formuliert sein.

- ....

- ....

- ....

Warum positiv? Vielleicht denken Sie, dass es reicht, wenn Sie genau wissen, was Sie nicht wollen. Dann gehen Sie einmal in ein Kaufhaus, suchen einen Verkäufer und sagen Sie ihm, was Sie nicht kaufen wollen. Was wird wohl passieren, wenn Sie z. B. sagen: „Ich möchte nicht den dunkelblauen Mantel für 149,– EUR"?

Machen Sie einmal folgendes kleine Experiment:

Denken Sie in den nächsten 30 Sekunden auf gar keinen Fall an einen rosaroten Elefanten mit gelber Mütze zwischen den Ohren. Denken Sie auf gar keinen Fall an diesen rosaroten Elefanten mit gelber Mütze. Klappt das? Denken Sie nicht an ein grünes Flugzeug, denken Sie nicht an ein gelbes Brautkleid ...

An was mussten Sie denken? Vielleicht zuerst an einen rosaroten Panther, bevor es ein Elefant wurde und dann die Mütze aufgesetzt bekam? Falls Sie nicht sofort beim Lesen abgeschaltet haben, mussten Sie sicherlich an den Elefanten, das Flugzeug und das Brautkleid denken. Denn unser Gehirn ist eine wahre Wundermaschine.

Exkurs: Wundermaschine Gehirn

> Wir nutzen unsere Gehirnkapazität zu max. 10%.
> Der Durchschnittsmensch nur zu 2%.
> (Stanford University)

Die ca. 15 cm zwischen unseren Ohren leisten mehr als jeder Computer. Eine wahre Wundermaschine. Während Sie diese Zeilen lesen, verarbeitet Ihr Gehirn die Buchstaben in Symbole, wandelt diese in Wissen um und speichert sie ab, immer abrufbereit. Gleichzeitig sorgt Ihr Gehirn dafür, dass alle Ihre Körperteile funktionsfähig sind, sämtliche Körperbefehle jederzeit ausgeführt werden können und die Körpertemperatur stets im grünen Bereich ist. Die Wundermaschine reguliert die Verdauung, die Umsetzung der Brennstoffe in Energie und, und, und ... Alles in Mikrosekunden und rund um die Uhr. Unglaublich! Unser Gehirn hat zwei Hauptfunktionen: Unser Überleben zu sichern und Recht zu bekommen. Wir streben also in der Regel immer nach Sicherheit und begehen oft benutzte Pfade. Je öfter wir Dinge tun, desto selbstverständlicher, leichter und automatischer laufen diese „Programme" ab. Vom Trampelpfad zur sechsspurigen Autobahn. Sicherlich kennen Sie folgendes Szenario: Sie haben frei und wollen einkaufen fahren oder gehen. Sie steigen ins Auto bzw. laufen los. An der Ecke, an der Sie gewöhnlich zur Arbeit abbiegen, biegen Sie automatisch in Richtung Ihrer Arbeitsstelle ab, um etwas später festzustellen, dass Ihr Autopilot Sie in die falsche Richtung hat fahren, gehen lassen. Kennen Sie das? – Alte Muster, Autobahn …

Machen Sie folgendes kleine Experiment:

- Falten Sie bitte Ihre Hände, so dass alle Finger „verzahnt" sind. Welcher Daumen ist oben? Der rechte oder der linke? Wie viele tausend Male haben Sie das wohl schon gemacht? Da müssen Sie nicht nachdenken, das geht unbewusst automatisch, oder?

- Falten Sie nun Ihre Hände nochmals und zwar so, dass der andere Daumen oben liegt. Na, wie fühlt sich das an? Ungewohnt nehme ich an. Aber wenn Sie das auch einige hundert Mal machen, wird das zu Ihrer „neuen" Gewohnheit werden. Es läuft so vieles unbewusst ab in unserem Leben. Erhöhen Sie Ihre Achtsamkeit. Stellen Sie ab und zu Gegenstände an einen anderen Ort, beispielsweise die Zahnpastatube auf die andere Seite des Waschtisches, und registrieren Sie, wie oft Sie in der kommenden Zeit ins Leere greifen. Mir ging das im Frühjahr so, als ich in Zypern mit dem Leihwagen über die Insel fuhr. Zum ersten Mal mit Linksverkehr selbst gefahren. Wie oft hat meine rechte Hand den Schaltknüppel im Leeren gesucht. Mehr Bewusstsein, mehr Achtsamkeit und im Hier und Jetzt sein erhöhen enorm die Wahlmöglichkeiten und den Handlungsspielraum. Sie kontrollieren und werden nicht unbewusst gesteuert. Auch das hilft Ärger zu reduzieren.

Möglicherweise kommen Ihnen ab und zu bzw. öfter folgende Gedanken wie „Ja, ja, wenn es so einfach wäre" oder „So ein Unsinn, natürlich muss ich …" in den Sinn. Sie können an derlei Gedanken sehr schön erkennen, wie Ihr Gehirn einmal eingefahrene Muster und „Programme" zu verteidigen versucht. Neue, gegensätzliche Informationen werden zunächst einmal mitleidig belächelt, sabotiert und möglichst schnell „abgewürgt". Das erspart nämlich eine genaue Überprüfung, denn diese könnte ja eventuell ergeben, dass das alte Muster nicht passt, und das wiederum würde Unsicherheit verursachen, einen Zustand also, den das Gehirn überhaupt nicht mag. Solange Sie Ihr Gehirn nicht mit Ihrem Willen steuern, wird es nur nach alten Mustern funktionieren. Mustern, die Ihnen Zwang und Druck einbringen. Deshalb hören Sie auf mit „Wenn das so einfach wäre" oder Ähnlichem. Diese Denkweisen führen lediglich dazu, dass Sie nicht überprüfen, sondern weiterhin an Alteingefahrenem festhalten.

Wichtig: Sie reagieren nicht auf die Realität, sondern auf das, was Ihr Gehirn aus der Realität macht!

Neben diesen gigantischen Möglichkeiten hat unser Gehirn aber auch einige Engpässe, die Sie natürlich hervorragend für sich nutzen können. Der eine Engpass ist, wie gesagt, dass Ihr Gehirn nur in positiven Bildern denken kann. Unser Gehirn muss immer erst das positive Bild vom rosaroten Elefanten mit gelber Mütze aufbauen, bevor es das Bild durchstreicht. D. h. alles, was wir uns mit Verneinung aussagen, also einreden – jede Aussage ist gleichzeitig eine Einsage –, prägen wir in unser Nervensystem ein. „Ich will nicht krank werden", „Ich will die Prüfung nicht vermasseln", „Hoffentlich wird das nicht so schwer", „Ich will nicht mehr so viel Süßes naschen", „Ich will mich nicht mehr ärgern".

Welche Bilder werden, mit diesen negativen Formulierungen, ins Gehirn programmiert? Stellen Sie sich Ihr Gehirn als eine Schallplatte vor (vielleicht kennen Sie in der heutigen digitalisierten Welt nur noch CDs, die meine ich nicht). Eine gute alte, schwarze Vinyl-Schallplatte. Was passierte mit der, wenn Sie ständig dieselben Lieder anhörten? Wissen Sie es noch? – Die Rillen wurden immer tiefer, tiefer und breiter. Und dies passiert auch in unserem

Gehirn, wenn wir bestimmte Dinge immer wieder ablaufen lassen, uns immer wieder einreden, einbilden oder tun. Die Rillen werden immer tiefer und breiter. Es wird mit der Zeit immer schwieriger, wieder aus der eingefahrenen Rille herauszukommen. Und wenn, dann nur mit viel Energieaufwand.

Beispiel:

Verstehen Sie jetzt, warum es so lange dauert und so mühselig ist, Ihrem Kind beizubringen, die Tür leise zu schließen, wenn Sie immer wieder sagen: „Ich habe dir schon hundertmal gesagt, du sollst die Tür nicht so laut zuschlagen!" Was haben Sie demnach hundertmal ins Unterbewusstsein hres Kindes programmiert? – Genau! „Türe laut zuschlagen!", „Türe laut zuschlagen!" usw. Und dann wundern Sie sich, dass es so lange dauert. Oder als Chef: „Sie sollen nicht so gelangweilt/genervt/unfreundlich gucken", „Sie sollen dies nicht ...", „Sie sollen das nicht ...". Was programmieren Sie so für persönliche Negativ-Wünsche in Ihre Umwelt? Achten Sie in den nächsten Tagen einmal verstärkt darauf. Und entrümpeln Sie Ihr negatives Ausdrucksverhalten.

Positiv formulieren heißt u. a. sich die Frage zu stellen: „Was will ich stattdessen?" Als ich diese Problematik vor kurzem einer Klientin im Coaching aufzeigte, schaute Sie mich entgeistert an und sagte: „Jetzt weiß ich, warum ich in einem Hochhaus lebe und so bin wie meine Mutter. Ich habe mir immer geschworen nie in einem Hochhaus zu wohnen und ich habe mir immer wieder gesagt, ich will nicht wie meine Mutter werden."

Ein weiterer Engpass unseres Gehirns: Es kann nur einen Gedanken zur selben Zeit bearbeiten und hat nicht wie ein Computer die Fähigkeit, mehrere Programme gleichzeitig auszuführen. Wofür das gut ist, erläutere ich Ihnen etwas später. Sie werden, nachdem Sie dieses Buch durchgearbeitet und entsprechend stetig geübt haben – geschenkt bekommen Sie es leider nicht, etwas Schweiß muss schon sein –, sich wesentlich weniger ärgern. Vielleicht schaffen Sie es sogar, sich überhaupt nicht mehr oder nur noch wenige Sekunden zu ärgern, da Sie nun einen entsprechenden Kasten voll sinnvollem Handwerkszeug zur Verfügung haben. Jetzt liegt es allein an Ihnen, Ihre Programme zu erkennen und zu ändern.

Als praktische Rezepte zur Überwindung der schlechten Gewohnheit des ständigen Sich-Ärgerns führt Freimut Stein in seinem Buch „Lebensregeln" folgende sechs Punkte an:

- Halten Sie sich möglichst immer in guter Stimmung, dann ärgern Sie sich viel weniger.

- Nutzen Sie Ihren Humor und lachen Sie auch mal über sich selbst; dadurch verschwindet „der Ärger" sofort!

- Sagen Sie sich immer wieder: „Nicht ärgern, nur wundern!"

- Wenn Ärger einmal nicht zu vermeiden ist, dann schlucken Sie ihn ja nicht hinunter, sondern reagieren ihn entschieden ab (kräftig herumlaufen oder anstrengende Arbeiten ausführen, z. B. Garten umgraben, Möbelrücken, Großreinemachen usw. – damit verfliegt der Ärger rasch und Sie haben gleichzeitig etwas Vernünftiges geschaffen, was Sie freut!).

- Ärgern Sie Ihre Mitmenschen nicht, sonst bekommen Sie den Ärger nur postwendend wieder zurück!

- Vertrödeln Sie Ihr Leben nicht, sondern strengen Sie sich an und schaffen Sie Gutes, Lohnendes, Wertvolles. Das macht Sie froh, zufrieden und lässt Sie den Ärger allmählich vergessen.

Was jeder wissen sollte

In den nächsten Kapiteln bekommen Sie weitere praktische Tipps zur Ärger-Verhütung. Sie halten im Moment sozusagen Ihre eigene, ganz persönliche Anti-Ärger-Pille in der Hand, deren Inhalt Sie „nur" noch schlucken, d. h. umsetzen müssen. Und ich garantiere Ihnen, wenn Sie dies tun und Sie es schaffen, Ärger zukünftig zu vermeiden und auf ärgerliche Ereignisse kreativer, also anders als bisher zu reagieren, etablieren Sie sich auf einer anderen, „höheren" Stimmungsebene, die Sie noch stärker und selbstbewusster macht. Ihre direkte Umwelt, Partner, Kinder, Kollegen etc. und vor allem Sie selbst werden enorm davon profitieren. Sie werden gelassener, souveräner, selbstbewusster, einfach erfolgreicher. Sie können dies gar nicht verhindern!

Bewertungen

Jeder Mensch ist in jedem Augenblick fähig, sich all dessen zu erinnern, was ihm je geschehen ist, und alles wahrzunehmen, was irgendwo um ihn herum geschieht. Es ist die Aufgabe des Gehirns und des Nervensystems, uns davor zu schützen, von dieser Menge größtenteils unnützen und belanglosen Wissens überwältigt und verwirrt zu werden.

Wie entsteht nun mittels unserer Wahrnehmung und Bewertung unser individuelles Bild der Welt?

Ein hilfreiches Modell zum Verständnis der Prozesse liefert uns das NLP. Danach sind zunächst drei Filter beteiligt, welche den oben kurz angesprochenen Prozess der Wahrnehmungsreduktion begleiten.

Es handelt sich:

- um einen biologisch-physiologischen Filter (die biologische Grundausstattung, die jedem Menschen mitgegeben ist; eventuelle Schwächen können zum Teil durch technische Hilfsmittel wie Brille oder Hörgerät ausgeglichen werden),

50

■ um einen soziokulturellen Filter (d. h. unsere Kultur, die sozialen Systeme, in die wir hineingeboren sind, lassen uns
manche Dinge wahrnehmen, andere nicht) und

■ um eine Palette an individuellen Filtern (Programme, Werte, Glaubenssätze, Einstellungen, Erinnerungen, die das
Handeln eines Menschen bestimmen, d. h. innerhalb einer
Kultur gibt es von Mensch zu Mensch Unterschiede; so
achtet z. B. jemand bei sich sehr auf sein gepflegtes Erscheinungsbild und nimmt dies natürlich auch bei anderen
bewusst zur Kenntnis, einem anderen wiederum ist dies
völlig gleichgültig und deshalb werden ihm etwaige Unterschiede oft gar nicht erst auffallen).

Die Aufgabe eines Filters besteht darin, bestimmte Dinge durch-
zulassen, andere zurückzuhalten. Wenn wir z. B. eine Sprache lernen, sind wir damit zugleich Erben als auch Opfer des Wissens
unserer Vorfahren und unserer Lehrer. Erben sind wir, weil wir auf
die gewaltigen kulturellen Leistungen und Erfahrungen unserer
Vorfahren zurückgreifen können, und gleichzeitig auch Opfer, da
wir aus der unbegrenzten Menge möglicher Erfahrungen nur einen ganz bestimmten Ausschnitt mitbekommen, nämlich den,
auf den wir durch Bezeichnungen (Worte) aufmerksam gemacht
werden.

Beispiel:

So kennen wir z. B. das Wort „Schnee" und dessen Bedeutung für uns als Mitteleuropäer. In der Eskimosprache gibt es
hingegen ca. siebzig verschiedene Bezeichnungen für Schnee.
Dies ist auch nicht weiter verwunderlich, wenn man sich die
lebenswichtige Bedeutung von „Schnee" in der Eskimokultur
vergegenwärtigt. Sprache ist sozusagen das zusammengetra-
gene Wissen einer Gruppe von Menschen. Nun kommt
jedoch zu diesem Aspekt der Wahrnehmung noch der Aspekt
der subjektiven Bedeutungszumessung bzw. Bewertung hinzu.

Nehmen Sie einmal ein beliebiges Parfüm z. B. „Chanel Nr. 5" und lassen Sie verschiedene Personen daran riechen. Die einen werden sagen: „Oh, das riecht aber toll!" und wieder andere könnten bemerken: „Das riecht ja aufdringlich, das ist nichts für mich!" Wie gibt es denn das? Ein und derselbe Geruch, aber verschiedene Reaktionen. Genauso ist es mit Speisen, Musik, Empfindungen und visuellen Wahrnehmungen.

Wir alle nehmen zwar mit unseren fünf Sinnen objektiv unsere Umwelt wahr. Doch dann durchlaufen diese Wahrnehmungen (Reize) unser persönliches Filtersystem, durch welches jeder Mensch einzigartig wird. Es gibt keinen Zweiten mit exakt derselben Filter-/Denkstruktur auf diesem Planeten. Und dementsprechend misst jeder einer Wahrnehmung eine andere subjektive Bedeutung zu. Wenn man es genau nimmt, konstruieren wir uns unsere Umwelt damit genau so, wie wir sie haben möchten. Uns gefällt, was uns seit jeher gefällt, und uns missfällt und ärgert oftmals das, was anders erscheint. Denn anders bedeutet wieder Unsicherheit und das mag unser Gehirn ja gar nicht. Darum spreche ich lieber von Für-Wahr-Nehmung, was wir persönlich für wahr annehmen.

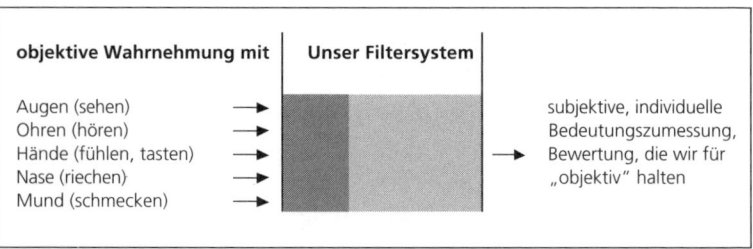

Durch diesen Automatismus unserer persönlichen, unbewussten, stetigen Bewertung machen wir uns das Leben unnötig schwer. Wir produzieren Verdruss statt Genuss und Lebensfreude. Ein Grund auch, warum es uns oft schwer fällt tolerant zu sein.

Einzusehen, dass unsere Wirklichkeit nicht die Wirklichkeit des anderen ist und sein kann, ist uns oft unbegreiflich, ja unmöglich. Mit diesem ständigen Abgleichen und Bewerten unserer Umwelt mit unserer persönlichen, individuellen, subjektiven Messlatte produzieren wir unseren täglichen Ärger. Denn wir lehnen ab, was anders ist, als wir es uns wünschen, als wir es erwarten. Wir meinen, besser, pünktlicher, ehrlicher, zuverlässiger zu sein als der andere. Diese innere Einstellung der Ablehnung vergiftet in erster Linie uns selbst. Wir produzieren Stresshormone und neigen dann auch noch häufig dazu, dieses Gift in unserer Umwelt zu „entsorgen". D. h. wir drücken unseren Ärger irgendwie aus. Entweder ziehen wir uns beleidigt, schmollend in unser Schneckenhaus zurück oder gehen zum direkten Angriff über, indem wir meckern, schimpfen, mit der Faust auf den Tisch klopfen oder Schlimmeres tun. Und warum das alles? Nur weil wir einen Mitmenschen ablehnen, weil er anders ist, denkt, handelt als wir. Darüber sollten Sie ab und an nachdenken.

Eine kleine Geschichte aus Indien zur Verdeutlichung:

Der Tempel der 1000 Spiegel

Es gab in Indien den Tempel der tausend Spiegel. Er lag hoch oben auf einem Berg und sein Anblick war gewaltig. Eines Tages kam ein Hund und erklomm den Berg. Er stieg die Stufen des Tempels hinauf und betrat den Tempel der tausend Spiegel. Als er in den Saal mit tausend Spiegeln kam, sah er in den ersten Spiegel und sah tausend Hunde. Er bekam Angst, sträubte das Nackenfell, klemmte den Schwanz zwischen die Beine, knurrte furchtbar und fletschte die Zähne. Und tausend Hunde sträubten das Nackenfell, klemmten die Schwänze zwischen die Beine, knurrten furchtbar und fletschten die Zähne. Voller Panik rannte der Hund aus dem Tempel und glaubte von nun an, dass die ganze Welt aus knurrenden, gefährlichen und bedrohlichen Hunden bestehe. Einige Zeit später kam ein anderer Hund, der den Berg erklomm. Auch er stieg die Stufen hinauf und betrat den Tempel

der tausend Spiegel. Als er in den Saal mit den tausend Spiegeln kam, sah auch er tausend andere Hunde. Er aber freute sich. Er wedelte mit dem Schwanz, sprang fröhlich hin und her und forderte die Hunde zum Spielen auf. Dieser Hund verließ den Tempel mit der Überzeugung, dass die ganze Welt aus netten, freundlichen Hunden bestehe, die ihm wohlgesonnen sind.
(unbekannter Verfasser)

Generalisierungen

Wenn wir in bestimmten Situationen unseres Lebens wiederholt die gleichen Erfahrungen machen, neigen wir dazu zu verallgemeinern. Dies drücken wir über unsere Sprache aus. Worte wie „alle", „sämtliche", „jeder", „keiner", „irgendein", „nie(mals)", „immer", „es ist richtig/falsch/gut/schlecht/wahr/verrückt/..." oder „man" haben Programmcharakter und weisen auf oberflächliche Pauschalisierungen hin. Viele Handlungen des Alltags basieren auf Generalisierungen. Vorteil: Wir müssen uns nicht ständig neue Strategien ausdenken, wir wissen im Voraus, wie „es" funktioniert. Ob eine Verallgemeinerung nützlich oder hinderlich ist, muss im jeweiligen Zusammenhang eingeschätzt werden. Ein Kind kann z. B. lernen, dass strebsam zu sein in der Schule Verachtung und Spott der Mitschüler erzeugt. Wenn das Kind diese Erfahrung allerdings generalisiert und dann auf sein Berufsleben überträgt und sich entsprechend seiner verallgemeinerten Erfahrung verhält, wird es ihm sehr schwer fallen erfolgreich zu sein. Sicherlich kennen Sie Sätze wie z. B. „Niemandem kann man heutzutage trauen", „Nirgends finde ich Ruhe!", „So etwas kann auch immer nur mir passieren!", „Niemand achtet darauf, wie es mir geht!", „Hier wird man nie ernst genommen!", „Immer wenn ..., dann ...!" Spüren Sie beim Lesen, welcher Ärger hinter diesen Sätzen verborgen sein kann? Ein Umstand, der mit Sicherheit bei unklarer, ungenauer Kommunikation bzw. fehlender Zielsetzung auftreten kann.

Neben Generalisierungen gibt es noch weitere Kommunikations-
probleme, die genauso „perfekt" funktionieren und Lösungen
blockieren, z. B.:

- **Tilgungen:** Wenn wir unsere Aufmerksamkeit auf etwas
  Bestimmtes richten und damit automatisch andere Aspekte
  der Umwelt von unserer Wahrnehmung ausschließen.
  „Man muss die Gefühle anderer Leute berücksichtigen",
  „Sie vermied es peinlichst mich anzusehen", „Selbstgefäl-
  lige Menschen gehen mir auf die Nerven" usw.

- **Verzerrungen:** Wenn wir annehmen, dass andere ganz
  bestimmte Zustände und Gefühle in uns bewirken, als hätten wir gar keine andere Wahl, als derart zu reagieren.
  „Mein Mann macht mich nervös", „Du langweilst mich",
  „Dein Getue ist lächerlich" usw.

- **Unterstellungen:** Wenn wir Grundannahmen, die eine
  Person betreffen, nicht weiter überprüfen. „Wenn du
  wüsstest, wie sehr ich es hasse, würdest du nicht an den
  Fingern kauen!", „Ich befürchte, dass meine Frau genauso
  liederlich wird wie meine Schwiegermutter" usw.

- **Gedankenlesen:** Wenn wir dazu neigen, fehlende Informationen über innere Prozesse eines anderen durch Inter-
  pretation, falsche Schlüsse oder Projektionen zu ersetzen.
  „Er mag mich nicht", „Wenn du wirklich Mitleid hättest,
  würdest du mich jetzt nicht alleine lassen" usw.

Aus diesen sprachlichen Stilmitteln schaffen wir es recht schnell
feste Glaubenssätze zu entwickeln. Es dauert nicht lange und be-
darf nur weniger Wiederholungen, bis wir konkret glauben, was
wir unklar ausdrücken. Nicht die Ereignisse in unserem Leben prägen uns, sondern die Überzeugungen und Interpretationen dieser
Ereignisse, die Bedeutung, die wir diesen Situationen zumessen.
Ein Glaubenssatz ist demnach das Gefühl der Gewissheit, das Sie
im Bezug auf einen bestimmten Sachverhalt haben. Sie können

sich einen Glaubenssatz wie eine Tischplatte vorstellen, die von vier Füßen getragen wird. Sie haben mindestens vier Referenzerlebnisse gespeichert, die diesen Glaubenssatz, diese Tischplatte auf ein festes, solides Fundament stellen.

Beispiel:

- Negativ: „Ich kann nicht tanzen."
  Dieser negative Glaube könnte von folgenden Referenzerlebnissen, Pfeilern gestützt werden: „Ich trete meiner Tanzpartnerin ständig auf die Füße", „Ich sehe auf der Tanzfläche unbeholfen aus", „Ich finde nicht den richtigen Takt" und „Die anderen lachen über mich".

- Positiv: „Ich bin ein prima Tänzer."
  Dieser Glaube könnte durch folgende Erfahrungen gestützt werden: „Meine Tanzpartnerin sagt, ich tanze fantastisch", „Ich fühle mich einfach toll, wenn ich tanze", „Es sieht elegant/erotisch aus, wie ich mich bewege" und „Ich ziehe die Blicke auf mich, fühle mich im Mittelpunkt".

Es kann sein, dass Sie von Zeit zu Zeit den einen oder anderen Glaubenssatz noch einmal hinterfragen werden. Falls nicht, werden diese mit der Zeit und entsprechender emotionaler Momente zu Tatsachen, an denen Sie nicht mehr rütteln.

Wichtig: Es gibt sowohl ermutigende als auch entmutigende Glaubenssätze. Eines ist jedoch bei beiden gleich: Glaubenssätze sind immer einschränkend, weil sie das Gegenteil ausschließen. Das wichtigste Werkzeug für den Wandel eines Glaubenssatzes ist Schmerz. Nur wenn wir massiven Schmerz mit einem einschränkenden, entmutigenden Glaubenssatz verbinden bzw. spüren, sind wir bereit uns zu ändern. Denn: „Kein Mensch ändert sich gerne, außer einem Baby in nassen Windeln!"

Bevor wir Glaubenssätze verändern können, müssen wir uns dieser natürlich erst bewusst werden. Das Phänomen ist, wenn wir daran gehen sie zu entdecken, dass sie meist in die Tiefen unseres Unterbewusstseins abtauchen, sodass unser Bewusstsein nicht in der Lage ist sie zu fassen. Entscheidend ist demnach, ob wir in der Lage sind unsere Glaubenssätze zu fassen und bewusst zu wählen, oder ob wir unbewusst, wie eine Marionette an ihren Fäden hängend, ausgeliefert sind. Formulieren Sie in den nächsten 10 Minuten möglichst viele Glaubenssätze und machen Sie sich diese Zeit jetzt zum Geschenk. Unterscheiden Sie dann, ob es sich hierbei um einen ermutigenden oder entmutigenden Glaubenssatz handelt. Notieren Sie alles, was Sie können bzw. meinen nicht zu können.

....

....

....

....

....

....

Markieren Sie nun die drei wichtigsten ermutigenden Glaubenssätze auf Ihrer Liste und die beiden destruktivsten. Schlagen Sie letzteren beiden jetzt gleich die „Standbeine" weg, verursachen Sie Schmerz, indem Sie sich folgende Fragen beantworten:

Was genau ist an diesem Glaubenssatz lächerlich oder absurd?

....

....

Was jeder wissen sollte

War die Person, die mir diesen Glauben nahe gebracht hat, ein gutes Vorbild in diesem Bereich?

....

....

Welchen emotionalen Preis muss ich letztlich zahlen, wenn ich an diesem Glauben festhalte?

....

....

Welchen Preis muss ich letztlich in meinen zwischenmenschlichen Beziehungen zahlen, wenn ich an diesem Glauben festhalte?

....

....

Welchen Preis muss ich letztlich physisch zahlen, wenn ich an diesem Glauben festhalte?

....

....

Welchen finanziellen Preis muss ich letztlich zahlen, wenn ich an diesem Glauben festhalte?

....

....

Welchen Preis muss ich letztlich im Hinblick auf mir nahe stehende Menschen zahlen, wenn ich an diesem Glauben festhalte?

....

....

Gibt es einen Unterschied zwischen Theorie und Praxis? – Ja, in der Tat. Nachdem Sie nun den theoretischen Teil erfolgreich absolviert haben, Ihren Standpunkt in Bezug auf Ihre Einstellung und Denkweise bestimmt, sowie bereits erste Ideen und Anregungen gefunden haben ärgerliche Situationen in Zukunft zu entschärfen, möchte ich nun Ihren Anti-Ärger-Handwerkskasten mit Inhalt, mit wirksamem Werkzeug füllen.

Ich lade Sie ein zu experimentieren: Finden Sie die persönlich geeignetsten Methoden für Ihre individuelle Situation. Üben Sie diese dann an und mit „leichten" Sparrings-Partnern, bis Sie die Methoden gefestigt haben. Erst dann sollten Sie mit den harten Brummern, mit schwergewichtigen Gegnern in den Ring steigen. Üben heißt für mich nicht, es nur einmal zu versuchen, um dann festzustellen, das funktioniert nicht, ist zu kompliziert, schaffe ich nie, kann ich nicht etc.

Dazu ein kleiner Gedanken-Impuls:

Ich kann nicht

Wer das sagt, setzt sich selbst Grenzen. Denken Sie an die Hummel: Die Hummel hat 0,7 cm^2 Flugfläche bei 1,2 Gramm Gewicht. Nach den uns bekannten Gesetzen der Aerodynamik ist es unmöglich bei diesem Verhältnis zu fliegen. Die Hummel weiß das aber nicht und fliegt einfach! (unbekannter Verfasser)

Was jeder wissen sollte

Also glauben Sie daran, dass Sie es schaffen und probieren es dreimal, fünfmal, zehnmal, zwanzigmal und öfter. Sollte es dann immer noch nicht funktionieren (was ich mir beim besten Willen nicht vorstellen kann), haben Sie die Möglichkeit in eines meiner Seminare zu kommen oder sich ein persönliches Coaching zu gönnen.

Praxis-Tipp:

Gönnen Sie sich einfach von Zeit zu Zeit einen Privatlehrer und Sie werden auf Dauer erfolgreicher sein. Alle erfolgreichen Sportler haben persönliche Trainer, warum nicht auch Sie? Oder was machen Sie, wenn Sie sich z. B. durch Joggen körperlich fit machen wollen? Reicht eine tolle Ausrüstung, superteure Laufschuhe und ein fantastisches Lauftrikot, Shorts etc. aus? Reicht es aus, wenn Sie zwei Schritte vor dem Haus laufen oder einmal 30 Minuten ums Haus, um fit zu sein? Oder heißt es nicht vielmehr: Ohne Schweiß kein Preis und regelmäßig über einen längeren Zeitraum laufen, um das Ziel Ausdauer und körperliche Fitness zu erreichen? Je öfter, desto besser. Und umso schneller sind Sie körperlich fit. Genauso läuft das mit Ihrem persönlichen Anti-Ärger-Programm. Ab in die Startlöcher und los geht es.

Ärger-Verhütung: Was Sie bereits vorher tun können

2

> Für gewöhnlich stehen nicht die Worte in der Gewalt der Menschen,
> sondern die Menschen in der Gewalt der Worte.
> (Hugo von Hofmannsthal)

Sprachliche Ebene

Vorher heißt für mich zum einen: konkrete Vorbereitung auf anstehende Situationen, in denen Sie mit Ärger rechnen und dieser mit Sicherheit eintreffen kann. Zum anderen: prophylaktische Anti-Ärger-Vorsorge. Damit meine ich, dass Sie einige dieser Tipps, wenn Sie sie entsprechend geübt haben, auch in der entsprechenden Ärger-Situation sofort anwenden können. Wenn Sie die bisherigen Anregungen aufgenommen haben und in Ihr Leben integrieren, haben Sie schon eine ganze Menge für diese Prophylaxe auf den Weg gebracht.

Nachfolgend erhalten Sie drei Tipps und Anregungen, wie Sie sich sprachlich auf ärgerliche Situationen vorbereiten können. Wenn Sie diese Anregungen in Ihren Alltag einbinden, werden Sie nicht nur in ärgerlichen Situationen gelassener reagieren, sondern zukünftig auch selbstbewusster kommunizieren und weniger Stress empfinden.

Die Macht der magischen Wörter

Mark Twain sagte einmal: „Große Macht übt das richtige Wort aus. Immer, wenn wir auf eines dieser eindringlichen, treffenden Worte stoßen, ... ist die Wirkung physisch und geistig – und blitzartig spontan!" Viele von uns denken, Worte sind doch nur Schall und Rauch, aber dem ist bei weitem nicht so. Worte prägen nachhaltig unsere Gefühle, unsere Einstellung zu den Dingen, zu Situationen und Menschen. Schauen Sie sich doch folgende Begriffe aus dem Business-Bereich näher an. Lassen Sie diese Begriffe auf sich wirken: Mein Vorgesetzter, mein Untergebener, die Mitarbeiter an der Front, ich habe nur Mist auf meinem Schreibtisch, Berge unerledigter Aktenstapel, Termindruck, Kundenschlangen, Kunden, ...

Welche Assoziationen und Gefühle haben Sie beim Lesen dieser Begriffe? Immer dieselben? Gibt es Begriffe, bei denen es Ihnen besser geht als bei anderen? Sicherlich, oder? Worte üben eine sehr große Macht auf uns und unsere Gefühle aus. Worte bringen uns zum Lachen oder zum Weinen, können verletzen oder heilen, uns aufbauen, motivieren oder niederschmettern und deprimieren etc.

Wichtig: Durchforsten Sie Ihren üblichen, täglich aktiv benutzten Wortschatz! Schreiben Sie auf, wie Sie über Ihre Arbeit, Ihren Chef, Ihre Kollegen, Ihre Kunden, Ihren Partner, Kinder, Ausländer denken und reden. Welche Worte verwenden Sie häufig, wenn Sie ärgerliche Situationen beschreiben? Welche, wenn Sie sich freuen? Wir alle verknüpfen beträchtliche Lust- oder Frustzustände mit bestimmten Wörtern. Immer wieder dieselben Worte lösen immer wieder dieselben Gefühle aus. Schnell geht es uns wie dem Hamster in seinem Laufrad. Er rennt und rennt wie wild, kommt aber nicht von der Stelle. Wirken Sie dem „Hamsterrad-Syndrom" entgegen! Ändern Sie Ihr Vokabular und lösen Sie dadurch andere, neue und bessere Gefühle aus. Wenn wir also andere Worte, andere Beschreibungen für Umstände wählen, die uns belasten, dann ändern sich automatisch auch unsere Gefühle und Einstellungen zu diesen Situationen.

Machen Sie gleich einmal folgendes kleine Experiment: Nehmen Sie sich einige Minuten Zeit und notieren Sie sich mindestens drei Begriffe, Wörter oder Sätze, die Sie immer wieder benutzen, um sich selbst in eine negative, miese, lustlose Stimmung zu versetzen:

1. ....

2. ....

3. ....

Ärger-Verhütung: Was Sie bereits vorher tun können

Haben Sie mindestens drei? Und nun zur schöneren Seite dieser kleinen Übung: Versetzen Sie sich in eine sehr, sehr ausgelassene Stimmung und erfinden Sie spontan und fantasiereich „lustige", pfiffige Varianten für o. g. Wörter oder Sätze, die nach Ihrer Meinung förderlicher wären bzw. Ihre emotionale Intensität ins Positive verändern. Zunächst einige Beispiele:

alte negative, lähmende Ausdrücke / Gefühle ...	verwandeln / transformieren in neue beflügelnde Begriffe ...
deprimiert	kurz vor dem Wendepunkt
gestresst	gut beschäftigt
zu Tode gelangweilt	es plätschert schön ruhig dahin
1.	
2.	
3.	

Sicherlich finden Sie noch bessere Varianten. Seien Sie kreaktiv und ersetzen Sie zukünftig Ihre negativen Ausdrücke durch Ihre neuen, transformierten und schauen bzw. spüren Sie, was passiert. Sie werden überrascht sein!

Nutzen Sie diese Methode auch, um gute Begriffe zusätzlich zu verstärken und mit einem Positiv-Turbo zu versehen, z. B. antworten Sie zukünftig auf die Frage „Wie geht es?" nicht mehr mit „Nicht schlecht!", „Ganz gut!" oder „Prima!", sondern mit „Einfach fantastisch, super!", „Großartig!" oder „Umwerfend, phänomenal!" Achten Sie dabei auf die Reaktionen und Körpersprache des Fragestellers. Die werden oftmals zum Schmunzeln sein!

Praxis-Tipp:

Die Begriffe, die wir mit einer Erfahrung verknüpfen, werden zu unserer Erfahrung. Das ist der Kern des transformatorischen Vokabulars.

Lassen Sie uns jetzt gleich noch einen Schritt weiter gehen. Sicherlich kennen Sie das asiatische Sprichwort: „Ein Bild sagt mehr als 1000 Worte". Haben Sie sich schon einmal Gedanken darüber gemacht, wie Ihre Ärger-Worte als Bild aussehen würden? Denken Sie z. B. an Ihren nervigen Chef, Kollegen, Nachbarn oder einen anderen Begriff, der Sie immer wieder ärgert: Migräne, Führerschein, Schwiegermutter, Terminkalender, Prüfung, Steuererklärung, Finanzamt, Schlange vor der Kasse, Rechtsüberholer, Sonntagsfahrer, Drängler und Auffahrer, ...

Wählen Sie einen Begriff, den Sie jetzt gleich verzaubern und entschärfen möchten. Sollten Sie einen komplexen Sachverhalt im Kopf haben, reduzieren Sie diesen auf ein einziges Stichwort, das Pate für diese Ärger-Situation steht. Ich wähle für mich den Begriff TERMIN.

Übungsanleitung zur Macht der magischen Worte

Wie sehen Sie Ihr Ärger-Wort vor Ihrem geistigen Auge geschrieben? Analysieren Sie die Struktur des Wortes nach

■ **Optischen Besonderheiten:**

Gedruckt, geschrieben, eigene Handschrift oder fremde (von wem?), Großbuchstaben oder Groß- und Kleinbuchstaben gemischt, ...

....

noch: Übungsanleitung zur Macht der magischen Worte

■ Beschaffenheit der einzelnen Buchstaben:

Geschrieben, gemalt (flach) oder aus einem Material gefertigt (welches?), mit welcher Art von Stift oder Pinsel, wie groß, welche Farben, welche Form, wie verläuft der Schriftzug (gerade, schräg oder unregelmäßig, fällt ein Buchstabe aus dem Rahmen), wo im Raum nehmen Sie dieses Wort wahr (vor Ihnen, seitlich, unter, über Ihnen), ...?

....

■ Klangliche Besonderheit des Begriffs:

Welche Stimme sagt das Wort (Mann, Frau, Kind, die eigene, mehrere), von welcher Seite kommt die Stimme, wie laut, welche Tonhöhe, welches Tempo, welche Melodie, wie klingt die Stimme, ...?

....

■ Strukturbesonderheiten:

Wenn der Begriff aus einem Material besteht, wie fühlt sich das an (warm, kalt, weich, hart, spitz, glatt, leicht oder schwer, ...)?

....

■ Sonstige sinnesspezifische Besonderheiten:

Wird ein Geruch oder Geschmack wahrgenommen, ...?

....

Das ist eine Auswahl von Modalitäten, die ein Begriff enthalten kann. Vielleicht finden Sie noch weitere Besonderheiten, so könnte der Punkt auf dem „i" ein Blitz sein oder Ähnliches. Es kann natürlich sein, dass Sie das Wort einfach, ganz normal geschrieben sehen, das ist auch okay. Konzentrieren Sie sich nur auf die Wahrnehmungen, die spontan auftauchen. Vielleicht stellen Sie auch fest, dass die Beschaffenheit des Wortes mit der Qualität des Gefühls übereinstimmt. So könnten spitze Buchstaben Sie vielleicht gefühlsmäßig ganz schön pieksen oder schwere, fette Buchstaben ganz schön bedrücken ...

Ich sehe mein Ärger-Wort TERMIN in ca. 20 cm großen, fetten, schweren Großbuchstaben mit stacheligen Ecken. Schwarz, glatt mit einigen weißen Löchern, in Form eines umgekehrten Trapezes.

Und wie sieht das Ergebnis Ihrer Wortanalyse aus?

Und nun kommt wieder der schöne, der magische Teil der Übung. Sie dürfen zaubern – kreativ umdenken. Wann immer wir aus Problem-, aus Ärger-Situationen ausbrechen wollen, ist Umdenken erforderlich. Denn wenn Sie immer das Gleiche tun, werden Sie immer die gleichen Resultate erzielen und nichts anderes. Wissen Sie, wie Wahnsinn definiert ist? Immer die gleichen Dinge auf die gleiche Art und Weise tun und unterschiedliche Ergebnisse erwarten. Das ist Wahnsinn. Und wie oft machen wir das in unserem Alltag? Die Großmutter eines Freundes hat von jeher die Sache erkannt und ihm immer wieder folgenden Rat gegeben: „Bub, wenn's so nie geht, probier's anärsch!" (übersetzt: Junge, wenn du es so nicht schaffst, versuche es auf einem anderen Weg!). Denken Sie kreativ um, geben Sie dem Gedankenimpuls eine neue Richtung, zaubern Sie eine neue Verknüpfung in Ihr Nervensystem und Gehirn. Wenn Sie zukünftig das stressige Ärger-Wort hören, lesen oder denken, wird ein neuer biochemischer Prozess in Ihrem Körper ausgelöst werden. Wenn dann das interne Programm aktiviert wird und abläuft, wird es im Körper eine positive, gesunde und kraftvolle Reaktion auslösen. Dann wird aus einem bisherigen Ärger-Wort eine neue, spontane Kraftquelle. Wenn Sie zaubern könnten – und das können Sie für diese kleine Übung –, welches Gefühl möchten Sie erleben, wenn Sie zukünftig Ihr Ärger-Wort wahrnehmen, welches Bild würde am besten dazu passen, damit es magisch wird? Einige Anregungen:

- Stellen Sie sich vor, Sie wären Werbefachmann und ein Kunde möchte von Ihnen ein neues Firmenlogo gestaltet bekommen. Der Firmenname ist rein zufällig Ihr Ärger-Wort. Wie würden Sie den Schriftzug gestalten, dass er attraktiv und positiv werbewirksam wird, dass möglichst viele Menschen – Sie eingeschlossen – Lust haben, bei dieser Firma einzukaufen bzw. dieses Produkt zu erwerben?

- Oder nehmen Sie an, ein ausländischer Tourist ohne deutsche Sprachkenntnisse sieht dieses besagte Ärger-Wort als

Werbeanzeige oder Firmenschild. Beim bloßen Anblick soll er denken: „Das muss ja was ganz Tolles sein, das muss ich unbedingt ausprobieren."

- Wenn Sie meinen weniger kreativ zu sein, dann machen Sie Ihren Begriff einfach kleiner, leichter, heller, runder. Verändern Sie ihn irgendwie, damit er nicht mehr so schwer und bedrückend auf Sie wirkt und Sie vielleicht sogar zum Schmunzeln und Lachen bringt.

- Vertrauen Sie Ihrer eigenen Kreativität und betrachten Sie das Thema einfach einmal auf Ihrer mentalen Grundstufe, lassen Sie sich überraschen, was für ein Bild auf Ihrer imaginären Leinwand erscheint. Seien Sie Regisseur und machen Sie es noch positiver und attraktiver.

- Achten Sie zukünftig gezielter auf Wortdarstellungen in der Werbung, holen Sie sich Anregungen aus Zeitschriften, dem Fernsehen, von Plakaten und Postkarten, in Supermärkten etc. Sie werden staunen, welche Kreativität Sie mit der Zeit entwickeln. Experimentieren Sie mit Buntstiften, Wachsstiften, Filzstiften, Malkasten, Knetmasse – oder für PC-Liebhaber – mit diversen Grafikprogrammen. Wenn Ihnen wirklich etwas an der Veränderung liegt, werden Sie die Zeit finden. Sie können dies nebenbei vor dem Fernseher praktizieren oder wenn Sie irgendwo warten müssen.

Wie bei allem, was wir verändern wollen, klappt es nicht unbedingt beim ersten Durchlauf perfekt. Wenn die Emotion stark genug ist, kann es allerdings schon einmal passieren. Sie wissen doch selbst, von einem einzigen Mal 30 Minuten joggen, werden Sie auch nicht ausdauernd und fit. Öfter, länger und regelmäßig trainieren macht uns zum Meister auf einem Gebiet.

Also ich habe meinen TERMINdruck wie folgt verändert: Die Buchstaben sind klein und leicht geworden, Groß- und Kleinbuchstaben gemischt, einzeln an Luftballons schwebend, oder

Ärger-Verhütung: Was Sie bereits vorher tun können

wie gestern ein kleines Kind so lieb sagte: „Luftebongs". Wenn ich diese Kinderstimme noch dazunehme, wird es noch leichter, noch angenehmer. Der hämmernde Druck im Hinterkopf lässt nach und ein Lächeln ziert meine Mundwinkel.

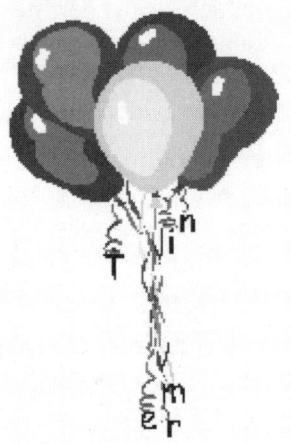

Und zu welchem zauberhaften Ergebnis sind Sie gekommen?

Schaffen Sie sich verschiedene Erinnerungsanker (einen Aufkleber, ein Bild, einen Stift, ein Schmuckstück), die Sie in den nächsten Wochen an dieses neue magische Wort erinnern und die Verknüpfung im Nervensystem und Gehirn festigen. Spielen Sie mit der Magie der Worte, mit der transformatorischen Wirkung auf Ihre Gefühle. Lassen Sie sich überraschen, wie schnell Blockaden verschwinden, Ärger-Worte verzaubert werden, Sie weniger Stress und mehr Lebensfreude und Energie verspüren.

Schlagfertigkeit – Aikido mit Worten

Schlagfertigkeit ist ein Produkt eines hellen Kopfes, nicht eines schnellen, lauten Kehlkopfes. Wir alle sind schlagfertig, leider oft erst nach 30 Minuten. Dann fallen uns die besten Antworten ein und wir ärgern uns darüber, dass es uns nicht zur rechten Zeit einfiel. Wenn es darauf ankommt, fehlen uns meist die passenden Worte. Trainieren Sie Ihre Schlagfertigkeit und ich garantiere Ihnen, dass Sie sich bei Verbal-Attacken zukünftig wesentlich weniger ärgern.

Würden Sie nicht gerne einmal Ihren Widersacher verblüffen? Würden Sie nicht gerne überraschend und ungewöhnlich auf eine dumme Bemerkung oder eine Provokation antworten, statt sich darüber zu ärgern? Damit verderben Sie jedem Angreifer die Erfolgsaussichten. Sie reagieren ungewohnt, tanzen aus der Reihe. Verwirren Sie Ihren Gegner und zeigen Sie Ihrem Angreifer, dass es sinnlos ist, Sie in irgendeiner Form verbal zu attackieren. Dafür können Sie ein einfaches Prinzip der Kommunikation nutzen. Unsere gesamte Kommunikation baut darauf auf, dass das, was wir sagen, einen Sinn ergibt. Deshalb sind unsere Gehirne große Sinnsucher. Immer, wenn jemand etwas zu uns sagt, sucht unser Gehirn automatisch nach dem Sinn der Worte. Schließlich wollen wir verstehen, was der andere gemeint hat. Auf diese Sinn-Automatik können Sie hundertprozentig vertrauen. Und genau damit können Sie auch Kontra geben. Sagen Sie etwas, das keinen Sinn ergibt. Beispielsweise so: Antworten Sie auf einen Angriff mit einem Sprichwort. Aber nehmen Sie ein Sprichwort, das überhaupt nicht zu dem Angriff passt. Der gewöhnliche Angreifer steht vor einem Rätsel. Normalerweise erwartet er, dass wir seine Attacken entsprechend beantworten. Aber alles, was er zu hören bekommt, ist ein Sprichwort, das irgendwie nicht passt. Natürlich sucht der Angreifer automatisch nach dem Sinn. Aber leider vergebens. Damit haben Sie Ihren Widersacher mental in die Wüste geschickt. Das Prinzip ist einfach und wirkt sehr zuverlässig. Wenn Sie einen Angriff mit einem völlig unpassenden Sprichwort beantworten, geht das Gehirn des Angreifers los und versucht herauszufinden, wie Sie das gemeint haben. Und genau das bringt den Angreifer durcheinander. Er ist verwirrt und kommt aus dem Konzept.

Beispiel:

Verbalangriff:
„Sie sind ja selten bescheuert!"

Das unpassende Sprichwort:
„Morgenstund' hat Gold im Mund."

Weitere Sprichwörter:
„Zu viele Köche verderben den Brei."
„Eine Schwalbe macht noch keinen Sommer."
oder ein anderes unpassendes Sprichwort

Praxis-Tipp:

Verwenden Sie diese Abwehrtechnik immer dann, wenn Sie keine Lust haben, sich mit einer dummen Bemerkung zu beschäftigen. Lassen Sie den Verbalangreifer einfach schmoren.

Ihre Sprichwortsammlung:

....

....

Was aber, wenn der Angreifer nachfragt und wissen will, wie das Sprichwort gemeint ist? Ermuntern Sie ihn, weiter nachzudenken. Etwa so: „Denken Sie in Ruhe darüber nach". Oder: „Ich habe selbst länger gebraucht, bis ich dahinter gekommen bin. Sie schaffen das schon."

Wenn Sie einen Angreifer ins Leere laufen lassen, tragen Sie zum emotionalen Ärger- und Klimaschutz bei. Sie sorgen dafür, dass sich die Gefühle nicht hochschaukeln. Sparen Sie Ihre Energie. Wenn Sie auf jede dumme Bemerkung gleich anspringen, kommen Sie innerlich aus dem Gleichgewicht. Lassen Sie den Sprücheklopfer einfach kaspern, bis er fertig ist. Kein Widerstand, keine schlagfertigen Kontra-Antworten und keine Energieverschwendung. Der Angriff bleibt unbeantwortet im Raum stehen und verpufft. Sprichwörter sind Ihnen zu anstrengend? Kein Problem, verwenden Sie die Sinnlos-Antwort-Technik:

Beispiel:

Verbalangriff:
„Sie sind völlig hirnrissig!"

Die Sinnlos-Antwort:
„Da muss ich erst meinen Schönheitschirurgen fragen."

Weitere sinnlose Varianten:
„Das ist aber kalorienarm."
„Das kostet aber keine Steuern."
oder eine andere absolut sinnlose Reaktion

Praxis-Tipp:
Umso sinnloser, desto effektiver, desto verwirrender.

Ärger-Verhütung: Was Sie bereits vorher tun können

Ihre Sinnlos-Sammlung:

....

....

Vielleicht denken Sie jetzt schon wieder, dass schaffe ich nie! Das traue ich mich nicht! Schlagfertigkeit bedeutet sprachlich schnell und unerwartet auf unvorhergesehene Situationen reagieren können. Schlagfertig wird man nicht geboren. Schlagfertigkeit ist nahezu reine Trainingssache. Das ist wie mit dem Autofahren. Nicht jeder hat das Zeug ein Michael Schumacher zu werden, aber Autofahren kann jeder lernen. Zumindest derjenige, der die Möglichkeiten besitzt und die notwendige Energie aufbringt. Auch Sie können schlagfertig werden (sofern Sie es nicht schon sind), wenn Sie entsprechend üben. Ich weiß, das hören viele Menschen nicht gerne. In unserer Fast-Food-Konsum-Gesellschaft muss alles am besten schnell und gleich gehen, ohne Anstrengung, auf Knopfdruck.

Wichtig: Schlagfertig sein bedeutet sich trauen, ein bisschen frecher zu werden. Es heißt aber nicht, einfach nur rotzfrech zu sein. Auch wenn ein Sprichwort dies verspricht. In diesem Falle fehlt der notwendige Witz. Es wird kein Spannungsbogen aufgebaut, der den Verbalangreifer zum Nachdenken bewegt. Je größer dieser gedankliche Bogen, den der Verbalangreifer noch ergänzen muss, umso schlagfertiger wirkt die Antwort.

Beispiel:

Winston Churchill wurde – so wird folgende Geschichte erzählt[5] – während einer Abendgesellschaft von einer Lady Astor verbal angegriffen. Die Dame soll gesagt haben: „Wenn ich Ihre Frau wäre, würde ich Gift nehmen." Darauf antwortete Churchill: „Wenn ich Ihr Mann wäre, würde ich es nehmen."

---

[5]   B. Voxbrandt, C. Kunze, On Course with compass grammar, S. 35

www.fit-for-business.de

Um schlagfertig zu werden, benötigen Sie zudem einen großen Wortschatz, müssen assoziativ und schnell denken können. Ihre persönliche Grundhaltung ist jedoch immer wichtiger als irgendeine ausgefeilte Verbal-Aikido-Technik. Sie müssen sich trauen und bereit sein innerlich aufzustehen, sich aufrecht hinzustellen, dem Angriff entgegenzuwirken und Ihre Position zu verteidigen. Falls Sie eher der stille, zurückhaltende, bescheidene Typ sind und nicht anecken möchten, werden Sie es viel schwerer haben schlagfertig zu wirken. Selbstbewusste Körpersprache und Ausstrahlung unterstützen die Wirkung zusätzlich, aber dazu kommen wir zu einem späteren Zeitpunkt.

Wie können Sie Schlagfertigkeit nun trainieren? Hier einige Tipps:

- *Vergrößern Sie Ihren aktiven Wortschatz*
  Lesen Sie laut, fassen Sie Zeitungsartikel zusammen, sammeln Sie gute Ausdrücke (in einem Extraordner, -heft oder einer Kartei), fügen Sie jedem Substantiv und Verb ein Adjektiv oder Adverb bei (z. B. statt „Ich stelle das Buch zurück ins Regal" sagen oder denken Sie: „Ich stelle das spannende Buch sorgfaltig zurück ins Regal"), finden Sie Synonyme für Verben (z. B. statt „Eine Wohnung einzurichten hängt offensichtlich nicht vom Einkommen ab" sagen Sie: „Eine Wohnung gemütlich zu gestalten ist offensichtlich nicht an das verfügbare Einkommen gekoppelt"). Der gesamte Wortschatz der deutschen Sprache umfasst ca. 400 000 Wörter, davon finden Sie im alten Rechtschreibduden von 1996 ca. 115 000 Wörter. Davon wiederum verwenden wir aktiv ca. 3 000 bis 5 000 Wörter im Laufe eines Jahres. Die Zeitung „Bild" ist mit ca. 1 000 etwas sparsamer.

- *Trauen Sie sich ein bisschen frecher zu werden*
  Ein Aspekt der so genannten Schlagfertigkeit ist die innere Bereitschaft zu schlagen, sich die Verbal-Attacke nicht gefallen zu lassen. Wenn Sie zu den Menschen gehören, die

es immer allen recht machen und keinem weh tun, nicht auffallen wollen oder nicht möchten, dass andere schlecht über Sie reden, dann werden Sie es sehr schwer haben schlagfertig zu werden. Arbeiten Sie, wenn Ihnen Schlagfertigkeit wichtig ist, zunächst an Ihren Glaubenssätzen.

- *Fördern Sie Ihr assoziatives Denken*
  Assoziativ heißt: Zu einem Stichwort artverwandte Ideen zu finden. Es sind die verrückten, kreativen Einfälle, die einen schlagfertigen Zeitgenossen ausmachen. Trainieren Sie, indem Sie möglichst viele Begriffe zu einem Wort finden (z. B. Orange: Obst, süß, Vitamine, Saft, Fruchtfleisch, frisch gepresst, Kerne, Mixgetränk, Farbe, Orangenhain, Urlaub, Flugzeug, Koffer, ...), durch Bildung von Assoziationsketten (wählen Sie zwei völlig unterschiedliche Wörter aus einer Zeitung und bringen Sie diese durch assoziierte Begriffe zusammen: „Politikverdrossenheit" soll z. B. zu „Katzenfutter" führen: Politikverdrossenheit – Politik – Politiker – Versprechen – nicht eingelöst – Mogelpackung – Verpackung – Katzenfutter) oder Namensketten (der Endbuchstabe eines Wortes ist der Anfangsbuchstabe des neuen Wortes: z. B. Umdenken – notwendig – gut – topfit – täglich – hundertmal – lobenswert – tun ...) oder durch Umdeutung von Abkürzungen (z. B. FIAT: Fahre immer am Tag, ABM: Arbeit bis Mittag, IBM: Immer by Meetings, PLO: Postlotterie-Organisation, AEG: aufstellen – einschalten – geht nicht, REFA: Reicht endlich für alle, ...).

- *Vertrauen Sie auf Ihre Intuition, setzen Sie sich nicht unter Druck*
  Oftmals kommt es nicht darauf an, was Sie erwidern, sondern dass Sie etwas erwidern, auch wenn es nur eine stumme Geste ist (mehr dazu in Kapitel 5). Lassen Sie sich nicht vergiften.

Es gibt viele verschiedene Techniken, mit Angriffen und Aggressionen erfolgreich umzugehen. Als Nächstes möchte ich Ihnen eine universell anwendbare Gesprächsgestalt vorstellen, deren Herkunft ich leider nicht kenne. Diese habe ich vor vielen Jahren im Rahmen einer Ausbildung zum Betriebsorganisator kennen und nach einigen inneren Widerständen sehr schätzen gelernt. Schenken Sie dem Angreifer doch einfach verbal eine Limonade ein.

Warum LIMO einschenken so gut tut

„Was soll denn das schon wieder?" werden Sie vielleicht fragen. „Ich würde dem Verbalangreifer schon gerne eine einschenken, aber doch keine Limonade!" Sehen Sie diese Sprachgestalt LIMO einmal aus Sicht der asiatischen Kampfkünste. Bei den meisten Kampfsportarten geht es um Abwehr, nicht um Angriff. Es geht darum, den Schwung des Angreifers aufzunehmen und in eigene Energie umzuwandeln. Und genau dieses Grundprinzip verbirgt sich hinter LIMO: **L**oben Sie den Angreifer formal, zeigen Sie **I**nteresse, geben Sie **M**ängel zu und signalisieren Sie **O**ffenheit für ein Gespräch.

Übungsanleitung zur LIMO-Technik

Für die Effektivität, für die Wirkung dieser Gesprächsgestalt ist es unbedingt notwendig, dass Sie die Reihenfolge der Schritte einhalten und keinen Schritt weglassen.

- **Schritt 1:**   **Loben Sie den Verbal-Angreifer formal**

    Gut, dass Sie mich darauf ansprechen!*
    Ich schätze Ihre Offenheit!
    Das ist sehr gut gesagt!

    ....

    Beachten Sie: Loben Sie nur formal, nicht inhaltlich, geben Sie dem Angreifer auf keinen Fall Recht.

noch: Übungsanleitung zur LIMO-Technik

- **Schritt 2:** **Interesse für das Thema zeigen**

  Ich glaube, darüber sollte man überhaupt mehr wissen.*
  Ich beschäftige mich schon länger damit.
  Interessant.

  ....

- **Schritt 3:** **Mängel offen zugeben**

  Natürlich ist nicht alles ideal!
  Sie sind da auf einen heiklen Punkt gestoßen.*
  Hier kann tatsächlich manches verbessert werden.

  ....

- **Schritt 4:** **Offenheit für ein Gespräch signalisieren**

  Ich würde mich gern einmal mit Ihnen darüber unterhalten.
  Sie haben sich da schon Gedanken gemacht – ich habe auch einige Fragen.
  Vielleicht reden wir einfach einmal darüber.*

  ....

Die mit * gekennzeichneten Formulierungen stellen die ungefährlichste Variante dar, die fast immer passt. Vielleicht klingt das zunächst albern oder komisch. Probieren Sie es aus, es braucht einiges an Übung, bevor Sie eine entsprechende Wirkung damit erzielen. Sie werden aber schnell Folgendes feststellen, wenn Sie auf diese Weise reagieren: Der „schwarze Peter" wandert postwendend an den Angreifer zurück. Finden Sie Ihre eigenen Formulierungen, nutzen Sie die freie Zeile, denn Formulierungen müssen zu Ihnen passen, sonst wirken sie zu „gestellt".

Wenn Ärger im Menschen ist, so macht er selten das Klügste,
sondern gewöhnlich das Dümmste.
(Jeremias Gotthelf)

Körperliche Ebene

Nach den sprachlichen Möglichkeiten zur Vorbereitung bzw. Ärger-Prophylaxe nun einiges zur körperlichen, energetischen Vorbereitung auf ärgerliche Situationen.

Der genialste Augenblick

In der Sprache des NLP heißt diese Übung „Moment of Excellence". Sie kann Ihnen nicht nur in ärgerlichen Situationen gute Dienste leisten, sondern immer dann, wenn es für Sie darauf ankommt in einem guten, energievollen Zustand zu sein, z. B. vor oder während wichtiger, schwieriger Gespräche und Präsentationen. Einfach immer, wenn es für Sie wichtig ist „gut drauf" zu sein. Es ist für Sie von Vorteil, wenn Sie diese Methode mit verschiedenen Ausgangssituationen durchspielen, damit Sie in notwendigen, anstrengenden und stressigen Momenten einen energievollen Zustand simulieren können. Ich habe z. B. einen „Moment of Excellence" für das Stehen bei Präsentationen, einen für das Sitzen bei Besprechungen usw. verankert.

Überlegen Sie nun bitte, für welche immer wieder auftretende, ärgerliche Situation Sie diese Übung nutzen möchten.

Übungsanleitung zum „Moment of Excellence"

---

1. Entspannen Sie sich und denken Sie bitte an drei ehemalige Situationen in Ihrem Leben, in denen Sie ein Maximum Ihrer Fähigkeiten zur Verfügung hatten. Situationen, in denen Sie in einer exzellenten Verfassung waren, oder wie immer Sie diesen Zustand nennen möchten.

noch: Übungsanleitung zum „Moment of Excellence"

2. Wählen Sie von diesen drei Situationen jetzt bitte eine aus, die Sie im Moment am schönsten finden, die am besten zu Ihrer ärgerlichen Situation passt.

3. Gehen Sie bitte in Ihrer Vorstellung in den Moment der Situation, in der sie am schönsten ist. Wo befinden Sie sich? Wie ist Ihre Körperhaltung? Nehmen Sie möglichst exakt die identische Körperhaltung ein und erleben Sie diesen Moment mit allen Sinnen nochmals. Was genau sehen Sie, wenn Sie in dieser Haltung in dem exzellenten Augenblick sind? Ist es ein Bild, ein Film oder eine Dia-Show? Welche Farben herrschen vor? Ist das Bild nah oder weiter weg? Mit Rahmen oder ohne Rahmen? Wie sieht der Rahmen aus? Direkt vor Ihnen, seitlich, oben oder unten positioniert? Und während Sie dies sehen, was hören Sie? Welche Stimmen, Klänge, eine Melodie? Laut oder leise? Nah oder aus der Ferne? Von welcher Seite? Und während Sie das sehen und hören, was fühlen Sie? Wärme oder Kälte? Prickelnd oder pulsierend? Wo genau im Körper spüren Sie dieses Gefühl? Und während Sie das sehen, hören und fühlen, was riechen und schmecken Sie?

4. Gehen Sie nun in Ihrer Vorstellung dieser Situation an die absolut schönste, intensivste Stelle. Sie sind der Regisseur dieses Films, Sie können an der schönsten Stelle auf Zeitlupe gehen und diesen Moment noch länger auskosten, machen Sie ihn noch schöner. Welcher Begriff, welcher Ausruf oder welche Geste würde gut zu dieser Situation passen? Sozusagen der Dateiname, um diesen Film schnell wieder im Archiv, auf der Festplatte zu finden. Machen Sie im schönsten Augenblick diese Geste und/oder sagen Sie den Suchbegriff, bevor Sie den Film in Ihr persönliches Archiv zurückstellen, mit der Gewissheit, dass Sie jederzeit wieder darauf zugreifen können.

noch: Übungsanleitung zum „Moment of Excellence"

5. Verändern Sie kurz Ihre Körperhaltung, bewegen Sie sich, schütteln Sie Arme und Beine aus.

6. Testen Sie, ob Sie mit Ihrem Suchbegriff und/oder der Geste schnell wieder in dieses tolle Gefühl, in diese Situation kommen. Falls ja, prima gemacht! Falls nein, wiederholen Sie die Schritte 1–5 noch einmal.

7. Zukunfts-Check: Suchen Sie nun eine Situation in der Zukunft aus, wo Sie diese Erfahrung, dieses Gefühl, diesen Power-Zustand gerne zur Verfügung hätten. Und machen Sie ein kleines Ritual oder irgendetwas, was sicherstellt, dass Sie in dieser Situation an diese Bewegung, diesen Suchbegriff (den Selbstanker) erinnert werden.

8. Überlegen Sie, in welcher zukünftigen Situation dieser „Moment of Excellence" nicht angebracht wäre.

Üben Sie das Abrufen dieses genialen Momentes, Ihres Power-Zustandes, bis es blitzschnell funktioniert und wirkt. Verankern Sie später mehr als nur einen genialen Augenblick. Wie gesagt, am besten für jede notwendige Ärgersituation einen. Vielfalt statt Einfalt!!! Diese Übung funktioniert so prächtig, weil unser Gehirn nicht zwischen realem Erleben, was wir tatsächlich gerade erleben oder wirklich einmal erlebt haben, und einer emotional aufgeladenen Imagination unterscheiden kann. Wissen Sie, was Sie tun müssen, um sich gut zu fühlen? Setzen Sie sich gleich hin und notieren Sie alle Aktionen, die Sie derzeit einleiten, um Ihre emotionale Verfassung zu verändern und wieder „gut drauf" zu sein. Suchen Sie so lange, bis Sie mindestens fünfzehn, und im Idealfall fünfundzwanzig „neue" Möglichkeiten entdeckt haben. Diese Übung können Sie später wiederholen und die Liste ergänzen, bis Sie hundert Strategien gefunden haben.

Ärger-Verhütung: Was Sie bereits vorher tun können

1. ....

2. ....

3. ....

4. ....

5. ....

6. ....

7. ....

8. ....

9. ....

10. ....

11. ....

12. ....

13. ....

14. ....

15. ....

Stimmungsmanagement

Wie Sie bisher erfahren haben, kommt einem guten, energievollen Zustand ein hoher Stellenwert im Selbstmanagement zu, wenn es darum geht Ihr Leben zu genießen und erfolgreich zu sein. Unserem inneren Zustand können wir eine enorme Macht zuschreiben. Wie schaffen wir es eigentlich Zustände und Verhaltensweisen zu produzieren?

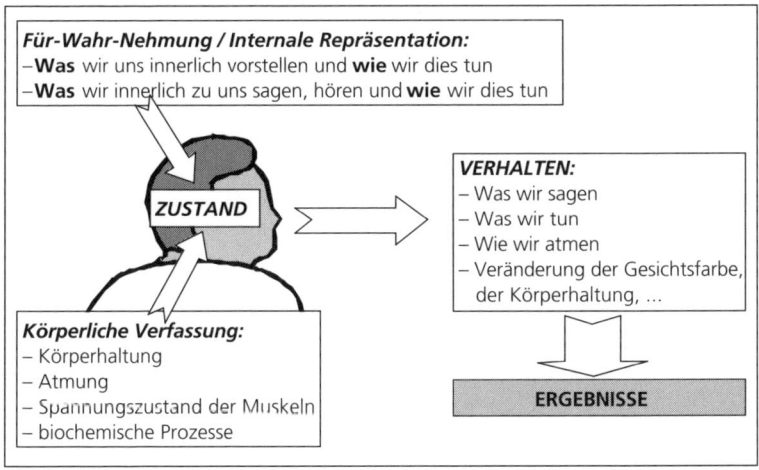

Wie schon in den vorausgehenden Abschnitten erläutert, kommt unserem Glaubenssystem, unserer inneren Für-Wahr-Nehmung eine ganz entscheidende Rolle zu. Das ist der eine Einflussfaktor für unseren Zustand. Der andere ist unsere körperliche Verfassung, inklusive der physiologischen Vorgänge in unserem Körper (Atmung, Spannungszustände der Muskeln und biochemische Prozesse). Gemäß dem jeweiligen inneren Zustand agieren wir – entspannt und gelassen oder gestresst, gereizt, verärgert. Unser jeweiliger Zustand ist entscheidend für die Art unserer Kommunikation, für unser Tun oder Lassen, für unsere Atmung, für die Veränderung unserer Gesichtsfarbe, kurz gesagt: wie wir auf unsere Umwelt reagieren. Unser Verhalten ist nichts anderes als das

Ergebnis unseres Zustandes, in dem wir uns gerade befinden: „Wie innen – so außen!"

So einfach und doch so komplex ist dieser ganze Vorgang. Was veranlasst einen Menschen nun, Sorge, pessimistische Zukunftsprognosen, Negatives zum Ausgangspunkt seiner inneren Vorstellungen zu machen? Warum denken wir meist zunächst an Katastrophen, an das, was wir nicht können, an Gefahren und Risiken? Warum neigen Menschen dazu, zunächst das Negative zu sehen? Dies kann vielfältige Ursachen haben. Vielleicht haben wir dieses Verhalten von unseren Vorbildern wie Eltern, Großeltern, Geschwistern oder anderen gedankenlos übernommen. Vielleicht ist es auch eines dieser uralten Programme aus der Frühgeschichte der Menschheit, ähnlich dem Flucht-Angriff-Reflex. Für den Urmenschen war es lebensnotwendig, Gefahren sehr schnell zu erkennen. Auch auf den ersten Blick harmlos erscheinende Situationen konnten gefährlich werden. Ein harmloses Knacken in der Höhle konnte höchste Gefahr bedeuten. Es konnte natürlich auch ein Mitbewohner sein, der sich gerade im Schlaf umgedreht hatte, es konnte das Knacken des Feuers sein, es konnte das Knacken von trocknendem Holz sein, aber es konnte eben auch ein Feind sein, der sich gerade anschlich, oder ein Raubtier, auf der Suche nach Nahrung.

Das Prinzip war einfach: „Lieber zuerst mit dem Schlimmsten rechnen, lieber zehnmal umsonst aufspringen, als einmal die Gefahr übersehen!" Diese Fähigkeit, das Negative zu sehen, wird dem Menschen aber heute nicht selten zum Verhängnis. Anstatt sie dazu zu benutzen, unser Leben zu schützen, schaffen wir uns damit ein Maximum an Lebensverdruss. Wenn wir nun wissen, wie unser Zustand entsteht, dann können wir ihn auch wieder verändern. Sie erinnern sich sicherlich noch daran: „Sie, und nur Sie sind verantwortlich!" Niemand sonst kann Sie veranlassen, sich zu ärgern, deprimiert zu fühlen, lustig und ausgelassen, ruhig und entspannt zu sein. Sie haben es in der Hand! Noch eine gute Nachricht: Sie können den Zustand verändern! Nicht innerhalb von Jahren oder Tagen. Nein, im Bruchteil von Sekunden!!

Beispiel: ───────────────────────────────

Was glauben Sie, wie viele Gesichtsmuskeln Sie aktivieren müssen, um ein freundliches, lächelndes Gesicht zu machen? _____ Gesichtsmuskeln für ☺. Lesen Sie erst weiter, wenn Sie oben eine Zahl eingesetzt haben. Sollten Sie keinen Stift bei der Hand haben, denken Sie sich eine ganz konkrete Zahl. Einige von Ihnen werden jetzt, wie meine Seminarteilnehmer, sicherlich einwenden: „Da müsste ich erst einmal wissen, wie viele Gesichtsmuskeln es überhaupt gibt." Egal, wählen Sie einfach eine Zahl zwischen 0 und 100.

Haben Sie eine? – Wirklich? Okay. Dann zur nächsten Frage: Was glauben Sie, wie viele Gesichtsmuskeln Sie aktivieren müssen, um ein ernstes, griesgrämiges Gesicht zu machen? _____ Gesichtsmuskeln für ☹. Lesen Sie erst weiter, wenn Sie oben eine Zahl eingesetzt haben. Wie gesagt, sollten Sie keinen Stift bei der Hand haben, denken Sie sich diese ganz konkrete Zahl. Haben Sie eine? – Wirklich? Okay. Die Lösung finden Sie im Anhang. Schauen Sie doch gleich einmal nach, bevor Sie weiterlesen!

Und es stimmt tatsächlich. Also meine ganz persönliche Schlussfolgerung aus diesen Zahlen ist folgende: Die Natur hat sich ganz bestimmt etwas dabei gedacht! Warum also wollen Sie sich überanstrengen, wo wir doch in nahezu allen sonstigen Lebensbereichen versuchen körperliche Energie zu sparen? Fernbedienung, Aufzug, Drive-in und so weiter sei Dank. Aber noch etwas ganz Entscheidendes passiert, wenn Sie ganz bewusst Ihre Mundwinkel anheben. Und sei es nur um ein sechzehntel Millimeter!

Probieren Sie es doch gleich einmal aus. Jetzt auf der Stelle. Lauschen Sie dabei in sich hinein ... und ... spüren Sie, was passiert?

Ärger-Verhütung: Was Sie bereits vorher tun können

Hoch mit den Mundwinkeln. Ja, jetzt auf der Stelle, sofort, hoch mit den Mundwinkeln. Halten Sie mit dem Lesen inne und ziehen Sie Ihre Mundwinkel hoch und halten Sie sie oben. Oben halten, oben halten, oben halten. Spüren Sie in Ihren Körper hinein, was sich verändert, was passiert. Keine Angst, wenn jemand in Ihrer Nähe ist oder Sie sich beobachtet fühlen, die stellen dann nur fest, dass Sie etwas Schönes, Lustiges gelesen haben und beneiden Sie darum. Sie werden nicht das blaue Kreuz anrufen – sicher. Heee, heeehh, nicht schon wieder die Mundwinkel der Schwerkraft übergeben und fallen lassen. Versuchen Sie das Lächeln, während Sie die nächsten zwei, drei oder mehr Seiten lesen, aufrechtzuerhalten. Ach, was ich Ihnen noch sagen wollte: „Es steht Ihnen ganz prima, dieses Lächeln! – Weiter so!! Wir lachen sowieso viel zu wenig."

Nehmen Sie einfach einmal eine Woche lang mindestens dreimal täglich diese Lächel-Pille. Lächeln Sie mindestens 60 bis 90 Sekunden am Stück. Falls es Ihnen peinlich ist, gehen Sie auf das „stille Örtchen", beobachten Sie sich im Spiegel, schaffen Sie sich eine störungsfreie Zone und tun Sie es dreimal täglich eine Woche lang. Und nehmen Sie wahr, was passiert. Ich garantiere Ihnen, es tut sich was. Wahrscheinlich wollen Sie dann Ihre tägliche Lächel-Pille gar nicht mehr missen. Als kleine Gedächtnisstütze können Sie sich Post-it-Haftnotizen mit aufgemaltem Smiley an entsprechenden (stressigen) Orten platzieren. Frei nach dem Motto: „Don´t worry – be happy!" Aber Vorsicht, stellen Sie es sich nicht zu einfach vor. 60 Sekunden können wahnsinnig lange sein, schauen Sie auf eine Uhr. Die ersten 20 Sekunden sind kein Problem, ab 30 wird es schwierig, ab 40 sind Sie kurz vor der Gesichtslähmung, ab 50 wird es ein Kampf – aber Sie schaffen es, ich weiß es. Falls Sie noch die Mundwinkel laut obiger Anregung oben haben: „Gratulation, Sie sind auf dem besten Weg ein wahrer krea**k**tiver Umdenker zu werden!" Falls nicht, machen Sie doch jetzt gleich einmal den 1-Minuten-Lächel-Test. Jetzt? – Ja klar, jetzt sofort, schauen Sie auf Ihre Uhr und los geht es,

   www.fit-for-business.de

hoch mit den müden untrainierten Mundwinkeln, auch wenn Muskelkater droht!

Bitte erst den Test absolvieren, bevor Sie weiterlesen!

Geschafft? – Super, prima, Gratulation! Und, hatte ich übertrieben? Wie war es nach 45 Sekunden? Sie haben gerade (falls Sie´s getan haben, bzw. noch tun) eine Kettenreaktion ausgelöst – gehen Ihre Mundwinkel hoch, drückt ein Muskel in jeder Wange auf einen Nerv. Dieser Effekt signalisiert dem Gehirn: Dein Gehirn-Besitzer lächelt. Sofort schüttet es Freude-Hormone (eine Art körpereigene Morphine) aus, na ja, nicht sofort. Der Impuls auf diesen Nerv muss sehr intensiv sein, oder, wie Sie bereits wissen, 60 Sekunden andauern. Und was passiert dann? Ganz einfach: Freude-Hormone „fressen" Kampf-Hormone auf, bauen Stress und Blockaden ab, Sie bekommen wieder einen klaren Kopf. Sie können sich um Lösungen kümmern, statt im Hamsterrad zu ackern. Und diese innere Freude strahlt über die Augen nach außen aus. Sie leuchten und das ist ansteckend. Probieren Sie es einfach einmal, wenn Sie durch die Straßen Ihrer Stadt laufen, aus. Nicht süffisant grinsend, sondern herzlich von innen heraus lächeln. Sie bekommen es vielfach zurück!

Wenn Sie stocksauer sind und jemand bringt Sie zum Lachen, dann würden Sie in nur zehn Sekunden den ganzen Stress aus dem Körper lachen, sagt Vera F. Birkenbihl (das erleben wir leider nur selten). Mit dem „1-Minuten-Lächeleffekt" funktioniert es genauso. Ich weiß, dass Ihnen vor einer ärgerlichen, anstrengenden Situation oder Begegnung nicht nach Lachen oder Lächeln zu Mute ist, machen Sie es aber bitte trotzdem. Sie tun sich damit etwas Gutes. Sie bekommen einen klaren Kopf und das ist in schwierigen Situationen ganz wichtig. Stress bzw. Ärger blockiert immer Ihre Denkfabrik und Sie sind in Ihren Neandertaler-Programmen gefangen.

Achtung: Es gibt auch Menschen, wie ich vor einiger Zeit bei einem Vertriebscoaching erleben durfte, die geniale Ausweichstrategien entwickeln, um nicht freundlich dreinzuschauen. So sagte eine Kassiererin Folgendes zu mir: „Aber, Herr Kasper, wenn ich die Mundwinkel nach unten fallen lasse, das entspricht doch der Schwerkraft und müsste weniger anstrengend sein. Sollte allerdings Ihre Theorie stimmen, dass ein ernstes Gesicht mehr Muskeln beansprucht, somit mehr Energie und damit Kalorien verbraucht, dann scheint das ja auch ein Weg zu sein, schlank zu werden!" – Ohne Worte!

Und noch eine interessante Begebenheit aus jüngster Zeit. Bei einer meiner ehemaligen Sparkassen, bei der ich in leit(d)ender Funktion im Personalbereich tätig war, hatte ich mir angewöhnt zu lächeln, sobald ich mein Büro verließ, egal wie es mir gerade ging und wo mich mein Weg, mit welcher Aufgabe im Unternehmen hinführte. Nicht für die anderen, sondern für mich und mein Wohlbefinden. Vor kurzem erhielt ich diesbezüglich am Ende eines Coachings von einer stellvertretenden Geschäftsstellenleiterin dieser Sparkasse Folgendes als Feedback: „Wissen Sie, Herr Kasper, Sie sind immer gut gelaunt und lächelnd durchs Haus gelaufen, obwohl ich mir sicher bin, dass Ihnen an manchen Tagen nicht nach Lächeln zu Mute sein musste. Ich finde das unnormal, ja manchmal fand ich es sogar abstoßend. So ein „Immer-gut-drauf-gut-gelaunt-", „Alles-ist-machbar-", ein „Für-jedes-Problem-gibt-es-eine-Lösung-Typ". Die letzten zwei Stunden haben mich aber eines Besseren belehrt und ich versuche es auch!" An dieser Stelle musste ich natürlich sofort einhaken, weil „versuchen" mir schon als Abteilungsleiter immer ein verhasstes Wort aus dem Munde meiner Mitarbeiter war. Versuchen Sie doch einmal aus Ihrem Stuhl, oder wo immer Sie gerade sitzen bzw. liegen, während Sie sich diese Zeilen zu Gemüte führen, aufzustehen (sofern Ihnen dies körperlich möglich ist). Probieren Sie es gleich einmal aus. Blödsinn, denken Sie vielleicht, wo soll denn da das Problem sein? Also gut, nochmal: „Versuchen Sie jetzt aufzustehen!" – Halt, halt, Sie sollen es versuchen, nicht wirklich aufstehen. Also noch einmal: „Versuchen Sie aus dem Stuhl, Sofa etc., wo Sie eben sitzen, während Sie dieses

Buch studieren, aufzustehen!" – Nein, nein, Sie sollen nicht sitzen bleiben, Sie sollen aufstehen. An dieser Stelle ernte ich in meinen Seminaren meist fragende, ratlose Blicke, denn es gibt kein „Versuchen", es gibt nur ein Tun oder Lassen. Und jeder, der sagt, er versucht es, sagt Ihnen gleichzeitig auch: Wird wohl nichts werden, ich habe es Ihnen ja gleich gesagt. Achten Sie darauf, falls Sie eine Position mit Personalverantwortung innehaben oder Kinder und Jugendliche erziehen.

Praxis-Tipp:

- Lächeln Sie, bevor Sie den Telefonhörer abheben. Der andere sieht Sie zwar nicht, aber er nimmt die gute Stimmung wahr. Dies ist auch während eines Gespräches sehr hilfreich.

- Lächeln Sie, bevor und während Sie einen Brief schreiben. Ihr schriftlicher Ausdruck wird freundlicher zwischen den Zeilen rüberkommen.

- Lächeln Sie, wenn Sie Fremde kennen lernen. Meist reagiert der andere offener oder freundlicher, als er sonst reagieren würde.

- Nutzen Sie jede „freie" Minute, um Ihren Lächeleffekt zu trainieren, z. B. wenn Sie im Schrank etwas suchen, wenn Sie nach unten blicken, um etwas aufzuheben, wenn Sie im Auto sitzen und zur Arbeit, zum Kunden, zur Baustelle, nach Hause fahren, wenn Sie auf den Zug, Bus oder beim Arzt warten, wenn Sie auf der Toilette sitzen, am PC, wo auch immer ... – lächeln Sie!

Emotionaler Stressabbau (ESA)

ESA ist – aus meiner Sicht – eine der einfachsten und besten kinesiologischen Anti-Ärger- und Entspannungsübungen. Sie können die ESA-Übung zur Unterstützung und Steigerung der Effektivität aller in diesem Buch beschriebenen Methoden einsetzen, sofern Sie dabei mindestens eine, besser beide Hände frei haben. Diese Übung unterbricht die klassischen, automatischen biochemischen Abläufe im Körper und führt zu klarem Denken, kreativen Entscheidungen und Gelassenheit. Wenn Sie die Übungsanleitung lesen, werden Sie vielleicht denken: „Das mache ich doch manchmal sogar unbewusst." Für Sie vielleicht schon, für Ihren Körper nicht, denn der weiß genau, was er braucht. Wir haben nur in unserer hektischen, leistungsorientierten Zeit verlernt auf unseren Körper und die Natur zu hören.

Übungsanleitung zum „Emotionalen Stressabbau"

- Legen Sie die Fingerspitzen des Zeige- und Mittelfingers auf Ihre Stirnbeinhöcker, das sind die beiden leichten Erhebungen zwischen Augenbrauen und Haaransatz. Massieren Sie diese Punkte leicht mit sanftem Druck, während Sie sich Ihre Ärgersituation bzw. Ihr Problem vorstellen und nach einer kreativen Lösung suchen. Wenn Sie nur eine Hand einsetzen möchten, legen Sie die Daumenspitze auf den einen und Zeigefinger- und Mittelfingerspitzen auf den anderen Höcker.

- Natürlich können Sie die Übung auch ohne Ärgersituation und Probleme einsetzen, sie tut einfach gut. Am besten am Morgen, bevor Sie aus dem Bett aufstehen, um Ihren Tag positiv vorzubereiten, und am Abend, bevor Sie einschlafen, um in einen erholsamen Schlaf zu fallen. Falls Ihnen das Suchen nach den Stirnbeinhöckern zu umständlich sein sollte, legen Sie eine flache Handinnenseite auf die ganze Stirn und die andere flache Hand als Gegenpol auf den Hinterkopf, mit dem Daumen am Schädelansatz beginnend. Kommt Ihnen der erste Teil, flache Hand auf die Stirn, irgendwoher bekannt vor? – Sicherlich. Ein automatisches, unbewusstes Programm unseres Körpers beim Grübeln und Nachdenken.

> Es ist gut für den Menschen seinen Kopf in den Wolken zu haben
> und seine Gedanken zwischen den Adlern wohnen zu lassen;
> aber er muss auch daran denken, dass je höher der Baum
> in den Himmel hineinwächst, desto tiefer müssen seine Wurzeln
> in das Herz von Mutter Erde hineindringen.
> (Indianische Weisheit)

Mentale Ebene

Auf unserer mentalen, geistigen oder gar spirituellen Ebene lässt sich mit etwas Übung das meiste für unser Leben und unser Glück bewirken. Hier liegt, wie Sie im Theorieteil zu Beginn erfahren haben, der wichtige Schlüssel zu unserem Schatzkästchen. Hier finden wir Zugang zu unseren Fähigkeiten, unserem Glaubenssystem und zu unserer Identität. Wenn wir irgendetwas in unserem Leben verändern möchten, haben wir die Möglichkeit auf verschiedenen Ebenen, die ich Zielebenen der Veränderung nenne, anzusetzen, um unser Ziel zu erreichen und Zugang zu unseren Einstellungen und Ressourcen zu finden. Eingebettet ist das Ganze in die Ökologie, in Ihre relevante Umwelt, mit der Sie sich ständig in Wechselwirkung befinden.

Zielebenen der Veränderung

1. **Zielebene der Fähigkeiten und Fertigkeiten:**
   Hier haben wir Einfluss auf unser Handwerkszeug, auf unser Know-how, unsere Fähigkeiten, unsere Fertigkeiten und unsere Verhaltensmöglichkeiten.

2. **Zielebene der Glaubenssätze:**
   Auf dieser Ebene – aber das wissen Sie ja schon, wenn Sie den Abschnitt über Programme aufmerksam gelesen haben – legen die wertvolleren Diamanten. Was Sie über diese Welt, Beziehungen, Erfolg etc. glauben, manifestiert sich hier, meistens unbewusst, und wird auf der nächsten Stufe der Überzeugung zu unserem „Gesetz".

---

noch: Zielebenen der Veränderung

3. Zielebene der Werte:

Unser „Gesetz", nach dem wir leben, befindet sich auf dieser Ebene, alle unsere Werte, wie Liebe, Macht, Freiheit, Kreativität usw., einfach alles, was unsere Entscheidungen maßgeblich beeinflusst und woran wir uns orientieren. Sozusagen die Leitpfosten unseres Lebens. Leider gibt es manchmal konkurrierende Werte, die einem das Leben schwer machen, bzw. höherwertige, die bevorzugt werden möchten. Können Sie sich vorstellen, wie schwer es jemandem fällt sich selbständig zu machen, wenn einer seiner höchsten Werte Sicherheit ist?

4. Zielebene der Identität:

Wie reden Sie über sich, welches Bild haben Sie von sich, was halten Sie von sich selbst? Diese Antworten befinden sich ebenso auf dieser Ebene wie die Antworten zu den Fragen: Wie möchte ich dastehen, von anderen gesehen werden? Wie sollen andere über mich reden? Unsere Gewordenheit, wie auch unsere daraus ableitbare Vision und Mission gründen auf dieser Ebene.

Diese sich wechselseitig beeinflussenden Ebenen bestimmen und charakterisieren maßgeblich die Persönlichkeit eines Menschen. Sicher können Sie nachempfinden, welche Auswirkung eine Veränderung auf der 4. Ebene für Sie und Ihr Leben hat, im Gegensatz zur 1. Ebene. Was ändert sich, wenn Sie Ihr Selbstgespräch ändern und ab sofort wesentlich positiver mit sich umgehen als bisher? Stellen Sie sich vor, Sie würden mit Ihren Freunden so reden, wie Sie manchmal oder öfter mit sich selbst reden: „Du Idiot!", „Du Versager", „Du kannst das nicht, du schaffst das nie!", „Wie kannst du das schon wieder verpfuschen?", „Kannst du dich nicht einmal zusammenreißen?" oder ähnliche destruktive, zerstörerische innere Dialoge, dann hätten Sie sehr wahrscheinlich bald keine Freunde mehr. Stellen Sie Ihre Selbstgespräche um, hören Sie mit dem negativen Dialog auf und stoppen Sie Ihr Mangeldenken. Auch wenn Sie sich dann – überraschenderweise – erst einmal nichts zu sagen haben, das gibt sich recht schnell wieder. Werden Sie Ihr bester Freund.

Oder wenn Sie eine neue Fragetechnik als Verkäufer oder Führungskraft erlernen? Welche Ebene hat mehr Kraft und Vermögen (= das, was wir vermögen) für Ihr Leben? Stimmt – die letzte Ebene ist die tiefste, intensivste und damit gleichzeitig die höchste und wertvollste. Wenn Sie erfolgreich werden wollen, müssen Sie auf jeden Fall etwas für diese Ebene tun. Ihr persönliches Wachstum ist wichtig für Ihren persönlichen Erfolg. Nicht, dass Sie ganz oben ankommen und erschreckt feststellen, dass Ihr Baum auf wackeligem, oberflächlichem Untergrund steht. Auf dieser Ebene macht es Spaß als Trainer und Coach zu arbeiten. Leider sehen das viele Unternehmen (noch) nicht ein und fordern fleißig weiter Techniken in Verkaufs- und Führungstrainings.

Die Positive-Vorwegnahme-Strategie© (PVS©)

Dies ist eine Methode, mit der Sie sich mental auf jede schwierige Situation – egal ob ärgerlich, stressig, nervig oder wichtig – vorbereiten können.

Übungsanleitung zur „Positive-Vorwegnahme-Strategie"

Sie benötigen:

- ca. 2–3 m freie Fläche
- drei DIN-A5-Blätter oder Kartei-Kärtchen (evtl. verschiedene Farben) als Bodenmarkierung. Eines mit der Aufschrift HEUTE, eines mit ZEITPUNKT DER SITUATION, eines mit 15 MINUTEN DANACH
- einen Notizblock und Stift (oder noch besser, falls vorhanden, einen Kassettenrecorder mit Mikrofon)

Ärger-Verhütung: Was Sie bereits vorher tun können

noch: Übungsanleitung zur „Positive-Vorwegnahme-Strategie"

1. Identifizieren Sie eine konkrete Situation, die ansteht, ärgerlich und schwierig sein wird, Ihnen vielleicht sogar Angst macht. Wie sieht diese Situation aus? Was hören Sie? Was fühlen, was riechen und schmecken Sie?

2. Definieren Sie Ihre Zeitlinie auf dem Boden und legen Sie die vorbereiteten Kärtchen in einer Linie vor sich auf den Boden. Markieren Sie zuerst HEUTE, ein Stück weiter ZEITPUNKT DER SITUATION, noch ein Stückchen weiter 15 MINUTEN DANACH. Schauen Sie nochmals auf die Abstände: Liegen Ihre Bodenmarkierungen richtig, oder haben Sie das Gefühl, sie liegen zu eng oder zu weit? Korrigieren Sie die Entfernung zwischen den jeweiligen Blättern, falls notwendig.

3. Stellen Sie sich neben Ihre Zeitlinie (Position Regisseur), so dass Sie diese gut überblicken können. Sie sind Regisseur (nicht Schauspieler). Blicken Sie auf HEUTE, nehmen Sie die Situation jetzt genau wahr und packen Sie im Geiste einen Rucksack mit all den Fähigkeiten und Fertigkeiten (Ihren persönlichen Ressourcen-Rucksack), die Sie für diese Situation benötigen, damit Sie diese Ärger- bzw. Problemsituation erfolgreich meistern können. Lassen Sie sich ruhig Zeit! Überlegen Sie gut, was Sie alles mitnehmen müssen. Haben Sie alles? Wirklich? Gut, wenn Sie alles haben, kann die Reise beginnen.

4. Gehen Sie jetzt ins Erleben als Schauspieler, der mit einem fantastischen Ressourcen-Rucksack ausgestattet ist. Sie haben laut Drehbuch alles Notwendige im Rucksack dabei, um diese anstehende schwierige Situation erfolgreich zu meistern. Stellen Sie sich auf die Markierung HEUTE. Zu diesem Zeitpunkt steht Ihnen ein Fluggerät Ihrer Wahl (ein Flugzeug, Hubschrauber, Heißluftballon,

noch: Übungsanleitung zur „Positive-Vorwegnahme-Strategie"

eine Möwe, was immer Sie sich vorstellen möchten), für die Reise zur Verfügung. Schließen Sie die Augen und stellen Sie sich mit allen Sinnen vor, dass die Situation vorüber ist und gut, nein, fantastisch für Sie ausgegangen ist. Öffnen Sie wieder Ihre Augen und fliegen Sie in Ihrem Fluggerät, mit ganz langsamen Schritten gehend, über die Karte ZEITPUNKT DER SITUATION hinweg zu Zeitpunkt 15 MINUTEN DANACH. Schauen Sie sich die ganze Strecke aus Ihrem Flugzeug von ganz weit oben aus an und landen Sie im Zeitpunkt 15 MINUTEN DANACH mit Blick auf ZEITPUNKT DER SITUATION. Halten Sie Rückschau. Wie geht es Ihnen? Fehlt noch etwas, damit Sie sich gut und erleichtert fühlen?

Falls ja, gehen Sie nochmals in die Position Regisseur, erweitern Sie das Drehbuch, ergänzen Sie den Ressourcen-Rucksack, packen Sie ihn um. Und durchlaufen Sie anschließend den Prozess Ziffer 4 erneut. Solange, bis es Ihnen danach absolut gut geht. Ein Merkmal dafür wäre, dass Sie absolut symmetrisch stehen, wenn Sie landen und auf Ihr vermeintliches Problem zurückschauen. Bis hierher ist es schon eine sehr hilfreiche Übung, die ich jetzt aber noch etwas für Sie anreichern möchte.

5. Schalten Sie Ihren Kassettenrecorder auf Aufnahme oder holen Sie sich Stift und Block. Gehen Sie in die Position 15 MINUTEN DANACH und stellen Sie sich vor, Sie erzählen einem Freund, den Sie zufällig treffen, wie Sie diese, für Sie schwierige Situation erfolgreich gemeistert haben. Was konkret haben Sie getan, gesagt? Wie agiert? Schildern Sie es Ihrem Freund mit allen Sinnen. Nehmen Sie die anerkennenden Worte wahr und gehen Sie dann einen Schritt weiter in Richtung Zukunft, nachdem Sie sich einige Notizen gemacht haben.

noch: Übungsanleitung zur „Positive-Vorwegnahme-Strategie"

> Sie treffen etwas später einen zweiten Freund und auch dem erzählen Sie, wie Sie diese schwierige Situation erfolgreich gemeistert haben. Allerdings auf eine andere Art und Weise, wie Sie es dem ersten Freund erzählt haben. Nehmen Sie die anerkennenden Worte des zweiten Freundes wahr und gehen Sie dann einen letzten Schritt weiter in Richtung Zukunft, nachdem Sie sich einige Notizen gemacht haben.
>
> Wieder etwas später treffen Sie einen dritten Freund oder Kollegen und auch dem erzählen Sie, wie Sie diese schwierige Situation erfolgreich gemeistert haben. Allerdings auf eine ganz andere Art und Weise, wie Sie es den beiden ersten erzählt haben. Machen Sie sich noch einige abschließende Notizen, falls Sie nicht schon alles aufgenommen haben.
>
> 6. Sichten Sie nochmals Ihre ganzen Notizen. Welche Idee kam völlig neu dazu? Wie werden Sie in der schwierigen Situation vorgehen? Was werden Sie beachten? Was werden Sie lieber unterlassen?

Gratulation! Sie haben mit dieser PVS©-Übung nicht nur den Erfolg vorprogrammiert, sondern wahrscheinlich auch einige Ihrer Fähigkeiten entdeckt und eine Menge Handlungsalternativen für die erfolgreiche Bewältigung dieser Situation gewonnen. Wie werden Sie Ihren Erfolg feiern?

Submodalitäten – Unterschiede, die Unterschiede machen

Wir alle machen im Laufe unseres Lebens sowohl gute als auch schlechte Erfahrungen. Daran gibt es keinen Zweifel. Dass es an jedem Einzelnen liegt, ob er eine Erfahrung als gut oder schlecht bewertet, habe ich schon im Abschnitt über Bewertungen aufgezeigt. In der Form der Bewertung liegt die erste Möglichkeit, etwas an unserem Ärger zu verändern. Die zweite Möglichkeit ist nun, die subjektive Archivierung der schlechten, ärgerlichen Erfahrung positiv zu beeinflussen. Hierbei sind die Erkenntnisse über Submodalitäten aus dem NLP sehr hilfreich. Wenn Sie alle Übungen bis hierher aktiv ausprobiert haben, sind Sie schon einige Male mit Submodalitäten in Berührung gekommen, z. B. bei der Analyse Ihrer Ärger- und Ihrer magischen Worte. Submodalitäten sind bestimmte Formen, Qualitäten, besondere sinnesspezifische Merkmale, mit denen wir die Resultate unserer Sinneswahrnehmungen repräsentieren. Mit unseren Augen nehmen wir visuell wahr, wir sehen bzw. erzeugen mental Bilder. Diese Bilder können farbig oder schwarz/weiß, hell oder dunkel, scharf oder unscharf sein. Das sind einige Beispiele für visuelle Submodalitäten. Entsprechend liefern unsere Ohren auditive Wahrnehmungen. Wir hören laute oder leise, hohe oder tiefe Töne usw.

Ein kleiner „Test" zur Verdeutlichung Ihrer Submodalitäten

Bitte protokollieren Sie Ihre Resultate durch Ankreuzen oder Ergänzen:

1. Erinnern Sie sich jetzt bitte an eine Person, die Sie immer wieder ärgert, aufregt und die Sie beim besten Willen nicht leiden können.

    a) Sehen Sie [ ] ein Bild, [ ] einen Film, [ ] eine Dia-Show
    oder ....?
    Ist a) [ ] farbig, [ ] schwarzweiß oder ....?
    Welche Farbe ist vorherrschend ....?
    Ist a) [ ] scharf, [ ] unscharf oder ....?
    Ist a) [ ] hell, [ ] dunkel oder ....?
    Ist a) [ ] rund, [ ] quadratisch, [ ] rechteckig
    oder ....?
    Ist a) [ ] nah, [ ] weit weg oder ....?
    b) Während Sie a) sehen, was hören Sie? [ ] Stimme(n),
    [ ] Melodie oder ....?

Hören Sie b) [ ] laut, [ ] leise oder ....?
Hören Sie b) [ ] nah, [ ] weit weg oder ....?
Hören Sie b) [ ] schnell, [ ] langsam oder ....?
Hören Sie b) [ ] monoton, [ ] melodisch oder ....?
Hören Sie b) [ ] höher, [ ] tiefer als normal oder ....?
Von welcher Seite hören Sie b) [ ] rechts, [ ] links
oder ....?

c) Während Sie a) sehen und b) hören, was fühlen Sie?
[ ] Prickeln, [ ] Kälte, [ ] Wärme, [ ] Spannung,
[ ] Entspannung oder ....?
Fühlen Sie c) [ ] stark, [ ] schwach oder ....?
Fühlen Sie c) [ ] konstant, [ ] abwechselnd oder ....?
Wo im Körper fühlen Sie c) ....?

Genug schlechtes Gefühl produziert! Stehen Sie kurz auf und bewegen Sie sich, schütteln Sie dieses negative Bild und Gefühl ab,
bevor Sie mit dem angenehmeren Teil der Übung beginnen.

2. Stellen Sie sich bitte jetzt eine nette Person vor, die Sie gern
haben, die Ihnen sympathisch ist, die Sie bewundern, an die
Sie jetzt gerne denken möchten
a) Sehen Sie [ ] ein Bild, [ ] einen Film, [ ] eine Dia-Show
oder..?
Ist a) [ ] farbig, [ ] schwarzweiß oder ....?
Welche Farbe ist vorherrschend ....?
Ist a) [ ] scharf, [ ] unscharf oder ....?
Ist a) [ ] hell, [ ] dunkel oder ....?
Ist a) [ ] rund, [ ] quadratisch, [ ] rechteckig oder ....?
Ist a) [ ] nah, [ ] weit weg oder ....?
b) Während Sie a) sehen, was hören Sie?
[ ] Stimme(n), [ ] Melodie oder ....?
Hören Sie b) [ ] laut, [ ] leise oder ....?
Hören Sie b) [ ] nah, [ ] weit weg oder ....?
Hören Sie b) [ ] schnell, [ ] langsam oder ....?
Hören Sie b) [ ] monoton, [ ] melodisch oder ....?

Hören Sie b) [ ] höher, [ ] tiefer als normal oder ....?
Von welcher Seite hören Sie b)
[ ] rechts, [ ] links oder ....?
c) Während Sie a) sehen und b) hören, was fühlen Sie?
[ ] Prickeln, [ ] Kälte, [ ] Wärme, [ ] Spannung,
[ ] Entspannung oder ....?
Fühlen Sie c) [ ] stark, [ ] schwach oder ....?
Fühlen Sie c) [ ] konstant, [ ] abwechselnd oder ....?
Wo im Körper fühlen Sie c) ....?

Prima, Sie haben nunmehr Ihre Submodalitäten für eine unsympathische und eine liebe Person erarbeitet. Durch einen Vergleich der beiden Listen können Sie ganz leicht herausfinden, wo die subjektiven und markantesten Unterschiede Ihrer Abspeicherung von Erfahrungen liegen.

■ Im visuellen Bereich a) sind das:

....

....

■ Im auditiven Bereich b) sind das:

....

....

■ Im kinästhetischen Bereich c) sind das:

....

....

Vielleicht fragen Sie sich jetzt, was habe ich davon, wenn ich das weiß? Wenn Sie wissen, was Ihre entscheidenden Submodalitäten für angenehme Gefühle sind, können Sie ärgerliche, negative Gefühle entschärfen. Probieren Sie die doch gleich einmal mit der unter 1. beschriebenen unsympathischen Person. Holen Sie sich diese noch einmal ins Gedächtnis und nun wird es spannend. Verändern Sie das Bild. Sie sind der Regisseur, indem Sie nach und nach eine Submodalität aus 2. nach der anderen einfließen lassen. Also die Farbe, die Schärfe, die Entfernung, die Form, den Klang usw. Beobachten Sie genau, wie sich Ihr Gefühl verändert, wann die ganze Sache entschärft ist. Vielleicht reicht es schon, die Farbe zu ändern und das Bild heller zu machen oder kleiner und weiter nach rechts. Spielen Sie mit den Submodalitäten. Vielleicht sagen Sie auch, wie einige meiner Teilnehmer und Klienten: „Nein, für den vergeude ich meine schöne Farbe, Melodie etc. nicht." Probieren Sie es trotzdem, es lohnt sich, auch wenn es zunächst schwer fällt.

Und als nächstes nehmen Sie sich bitte Ihre Ärger-Metapher vom Beginn, aus Kapitel 1, noch einmal vor. Was verändert sich in Ihrer Wahrnehmung des Gefühls, wenn Sie die einzelnen Submodalitäten nach und nach verändern? Können Sie auch diese Situation (Metapher) entschärfen, wenn Sie Ihre positiven Submodalitäten einfließen lassen? Finden Sie heraus, welche Veränderung Ihnen hier gut tut. Mir hat diese Methode vor einigen Jahren gut im Umgang mit einem meiner Chefs geholfen. Ich konnte die ärgerlichen Gesprächssituationen entstressen, indem ich die Wand hinter meinem Chef mental in meiner damaligen Energiefarbe himmelblau gestrichen habe. Spielen Sie mit diesem wirkungsvollen NLP-Instrument und sehen Sie nicht mehr nur rot, wenn Ihnen wieder einmal einer die Vorfahrt nimmt oder an der Ampel nicht von der Stelle kommt.

Sie können auch ein positives Gefühl noch verstärken. Nehmen Sie die Person aus 2., verändern Sie nur jeweils ein Element und beachten Sie, wie sich Ihre Gefühle entsprechend verändern:

- Farbe: Variieren Sie die Farbintensität. Machen Sie es heller, verwenden Sie kräftigere Farben bis hin zu Schwarzweiß oder verändern Sie den Farbton insgesamt.

- Größe: Verändern Sie die Größe des Bildes. Machen Sie es zunächst größer, dann kleiner.

- Distanz: Zoomen Sie das Bild erst ganz nah und dann weit weg.

- Dimension: Verändern Sie von einem flachen zwei- zu einem dreidimensionalen Bild.

- Schärfe: Verändern Sie von verschwommen, unscharf bis hin zu kristallklaren Details.

- Format: Mit Rahmen (breit, schmal, rund, oval, eckig, etc.), ohne Rahmen, Panoramabild. Aus einem großen, breiten Bild machen Sie ein schmales, hohes oder umgekehrt.

- Bewegung: Machen Sie aus einem Standbild ein bewegtes und umgekehrt.

- Tempo: Variieren Sie die Geschwindigkeit des Films, der Dia-Show von langsam bis schnell.

- Neigung: Kippen Sie die Bildoberkante von sich weg oder zu sich hin, drehen Sie das Bild um einige Grad nach links oder rechts.

- Transparenz: Machen Sie das Bild durchsichtig, wie eine Folie. Schauen Sie hindurch, was sich dahinter verbirgt.

Dies sind nur einige Möglichkeiten. Experimentieren Sie und finden Sie heraus, welche der Veränderungen Ihnen am meisten bringt, Sie gelassener und entspannter macht. Oder nutzen Sie diese neuen Kenntnisse, um sich stärker zu motivieren. Verändern Sie Ihre inneren Bilder und Töne etc. bei für Sie ungeliebten Arbeiten, wie Wohnung oder Büro auf Vordermann bringen, Papierkram oder Steuererklärung bearbeiten, und ähnlichen Aktivitäten. Lassen Sie sich überraschen, wie Sie die Veränderungen Ihrer Submodalitäten vorwärts bringen und motivieren.

Meinen Schutzraum installieren und nutzbringend einsetzen

Mit dieser mentalen Übung können Sie sich ein Rückzugsrefugium erschaffen, einen Ort der Entspannung und Geborgenheit. Hier sind Sie sicher und können Kraft tanken für neue Herausforderungen. Hier können Sie Antworten finden und Ziele programmieren. Lassen Sie sich überraschen, was in Ihrem persönlichen Kommunikationszentrum so alles losgeht. Bei regelmäßiger Übung kommen Sie in wenigen Sekunden an diesen Ort und können geschützt wieder durchatmen. Im Training ist es etwas einfacher, da Sie durch meine Stimme geführt werden. Lesen Sie sich den Text einfach mehrere Male laut durch oder besprechen Sie eine Kassette mit langsamer, ruhiger Stimme und begeben Sie sich dann auf die Reise.

Übungsanleitung zum persönlichen Schutzraum

1.–3. analog der Übung „Wie funktioniert positives Mentaltraining?" (siehe Seite 28)

4. Schließen Sie nun die Augen. Lassen Sie die Augenlider und Mundwinkel locker, entspannen Sie so noch stärker. Lächeln Sie. Entspannen Sie Ihren Kiefer (die Zunge sollte noch zwischen Ihre Zahnreihen passen). Lassen Sie diese Entspannung bis in die Fingerspitzen, bis in die Fußspitzen strömen. Atmen Sie ganz bewusst ein und aus. Mit jedem Ausatmen entspannen Sie noch tiefer. Spüren Sie die Entspannung und Wärme in Ihren Armen und Beinen. Spüren Sie die Unterlage, auf der Sie sitzen bzw. liegen. Der Boden trägt Sie sicher. Zählen Sie nun langsam von 50 bis 1 und stellen Sie sich dabei vor, dass Sie langsam eine Treppe,

---

noch: Übungsanleitung zum persönlichen Schutzraum

einen Berg hinunterlaufen. Mit jeder Zahl kommen Sie auf eine tiefere Bewusstseinsstufe, tiefer als zuvor. Bei 1 sind Sie auf Ihrer mentalen Grundstufe.

5. Vor sich sehen Sie nun einen langen, hellen Gang. Am Ende des Ganges erkennen Sie ein helles, strahlendes Licht. Gehen Sie langsam diesen Gang entlang. Sehen Sie die Inschriften an der Wand: ZUVERSICHT und FRIEDE. Etwas weiter LIEBE und GEBORGENHEIT. Umso näher Sie dem Licht kommen, umso deutlicher erkennen Sie die Umrisse einer Tür. Treten Sie an die Tür heran und lesen Sie das Türschild. Darauf steht Ihr Name in schöner Schrift geschrieben. Strecken Sie eine Hand aus und berühren Sie diese (Ihre) Tür. Durch Ihre Berührung öffnet sich die Tür, die nun auf Sie programmiert ist und nur von Ihnen durch Ihre Berührung geöffnet werden kann. Treten Sie ein.

6. Schauen Sie sich um und nehmen Sie die Größe des Raumes wahr. In dem Raum stehen ein Tisch mit Block und Stift, dazu ein Stuhl, ein Schränkchen mit einem Buch und einer Karaffe, sowie eine große Leinwand. Wie sehen diese Gegenstände aus, wo genau stehen sie? Was hätten Sie noch gerne in diesem Raum? Welche Beleuchtung? Von wo kommt das Licht? Bilder an den Wänden? Pflanzen? Weitere Möbel? Einen PC? Richten Sie diesen Raum nun so ein, dass Sie sich absolut wohl darin fühlen. Vergrößern oder verkleinern Sie ihn. Ihrer Phantasie und Gestaltungsmöglichkeiten sind keine Grenzen gesetzt. Alles ist in diesem Raum machbar und möglich! Fühlen Sie, wie gut es Ihnen hier geht, wie sicher und entspannt Sie sind. Ein Raum zum Loslassen vom Alltag. Ein Raum zum Träumen und persönlichen Wachsen. Genießen Sie dieses Gefühl! Wo im Körper und wie nehmen Sie dieses Gefühl wahr? Verstärken Sie dieses Gefühl, machen Sie es noch stärker und stärker, noch intensiver und schöner!

noch: Übungsanleitung zum persönlichen Schutzraum

7. Gehen Sie anschließend wieder zur Tür, die von innen automatisch öffnet und Sie, bevor Sie das nächste Mal eintreten, von all Ihrem Ärger, all Ihren Problemen, negativen Gefühlen und Gedanken reinigt. Gehen Sie wieder den Gang entlang, mit der Gewissheit, dass Sie diesen Raum zu jeder Zeit aufsuchen können. Hier fühlen Sie sich absolut sicher, geborgen und beschützt. Hier können Sie loslassen, den Alltag bereinigen, Ihre Ziele programmieren und sich jeden Rat holen, den Sie für Entscheidungen benötigen. Hier haben Sie Zugang zu all Ihren Ressourcen und der allumfassenden Weisheit des Universums. Hier sind Sie eins mit dem Universum. Zählen Sie, während Sie den Gang langsam zurückgehen, von 1 bis 5. Bei 5 und erst bei 5 (!) recken und strecken Sie sich noch einmal kurz, bevor Sie langsam Ihre Augen wieder öffnen. Sagen Sie sich laut und mit kräftiger Stimme: „Ich bin hellwach, voller Energie und fühle mich besser als zuvor!"

Ihr persönlicher Schutzraum, Ihr privates Kommunikationszentrum ist nun generiert und in Ihrem Unterbewusstsein verankert. Sie können zukünftig zu jeder Zeit wieder darauf zugreifen. Üben Sie dies in den nächsten fünf Tagen einmal täglich!

Sie haben mittlerweile schon einige schöne und wirksame Arbeitsmittel in Ihrem Anti-Ärger-Handwerkskasten, die Ihnen zukünftig auch in akuten Ärger-Situationen helfen werden. Sie wissen allerdings auch: „Nur die Übung macht den Meister!"

Was Sie tun können, wenn „es" Sie unerwartet erwischt

3

> Du kannst deine Arbeit nicht tun, wenn du nicht bereit bist,
> dein Werkzeug in die Hand zu nehmen!
> (unbekannt)

Sprachliche Ebene

Oftmals können wir nicht zuvor abschätzen, wann es uns erwischt. Wann ein lieber Kollege mit Sticheleien und Zweideutigkeiten, der Chef mit einer Runderneuerung oder einer – aus Ihrer Sicht – schwachsinnigen Anweisung Ihnen den Tag versüßt; der Busfahrer Ihnen vor der Nase die Tür zumacht, Sie jemand anrempelt oder anpöbelt; eine dumme, hohle Anmache zu hören ist oder irgendeine andere ärgerliche Situation eintritt, in der Sie zu Recht bisher (zum jetzigen Zeitpunkt hoffentlich nicht mehr!) gesagt haben: „Da muss ich mich fürchterlich darüber ärgern und aufregen. So kann man mit mir doch nicht umspringen! Ich habe ein Recht darauf, anständig behandelt zu werden!" Sicher haben Sie das Recht. Aber wie es nun einmal mit Recht und Gesetz ist: Es wird immer wieder gebrochen. Sie und ich wissen, dass wir nichts müssen und dass auch die anderen genauso wenig etwas müssen. Oder stimmt es etwa, dass wir einen Geburtsanspruch darauf haben, dass die Welt fair und gerecht sein muss? Dass Ihnen nichts Schlimmeres als anderen Menschen auch passieren darf? In keinem der mir bekannten Weisheitsbücher gibt es dieses Gesetz.

Wir alle streben nach Fairness und Gerechtigkeit – einer menschlichen Idealvorstellung, die in der Natur so nicht existiert. In der Natur herrschen andere Gesetze, wie: „Einer frisst den anderen". Ist das nicht ungerecht dem gegenüber, der gefressen wird? Vögel fressen Würmer. Die armen Würmer, das ist ungerecht! Katzen fressen Vögel. Die armen Vögel, das ist ungerecht! Hunde jagen Katzen. Die armen Katzen, das ist ungerecht! Es gibt Naturkatastrophen, Flugzeugabstürze, Kriege, keifende Nachbarn, aggressive Zeitgenossen und vieles mehr – alles reichlich ungerecht und unfair. Aber so ist nun einmal die Realität.

Sie erfahren hier, auf der sprachlichen Ebene, wie Sie in einer ärgerlichen Situation sofort kommunikativ reagieren können, wenn Sie dies möchten. Damit sich das Gefühl Ärger erst gar nicht bei Ihnen breit macht. Gefühle sind ja nicht irgendetwas, was einfach so unverhofft über Sie kommt. Gefühle hängen davon ab, wie Sie über einen Sachverhalt denken, wie Sie ihn bewerten und welche Bedeutung Sie dem Ganzen beimessen.

Lassen Sie „verbalen Unrat" vorbeischwimmen

Das ist einer der kürzesten, einfachsten und doch schwierigsten Tricks, die ich Ihnen in diesem Buch zum Umgang mit Ärger anbieten kann. Stellen Sie sich vor, Sie finden einen alten, verdreckten Schuh in einer schlammigen Pfütze. Würden Sie den sofort anziehen? Sicherlich nicht, oder? Sie würden ihn liegen lassen oder im nächsten Abfalleimer entsorgen. Machen Sie das doch mit verbalen Angriffen, Beschimpfungen und Meckereien genauso. Ziehen Sie nicht jeden verkeimten, giftigen Schuh an. Lassen Sie diesen Sch..., diesen verbalen Unrat (darum ist dieser Tipp hier und nicht unter „mentale Ebene" angesiedelt) einfach vorbeischwimmen. Lassen Sie diesen Angriff ins Leere laufen, steigen Sie gar nicht darauf ein! Wie das geht, erfahren Sie gleich.

Verbalattacken ins Leere laufen lassen

Wenn Sie in Kapitel 2 bei Schlagfertigkeit noch gesagt haben: „Das traue ich mich nicht", dann ist dieses Stilmittel des Schlagfertigkeitstrainings vielleicht besser für Sie geeignet. Sie können aus zwei erfolgreichen Varianten die für Sie geeignetste wählen.

Das Überhören

Die erste und „einfachste" Methode ist das schlichte Überhören. Sie reagieren überhaupt nicht auf die Provokation, sondern tun weiter das, was Sie gerade tun. Sie ignorieren den Angriff. Lassen Sie den Angriff, wie bereits vorgeschlagen, an sich vorbeiziehen. Kümmern Sie sich nicht weiter darum.

Wichtig: Starten Sie auch später keinen Gegenangriff. Sie haben schließlich etwas Besseres zu tun.

Der zweisilbige Kommentar

Nette, höfliche Menschen haben die große Neigung, immer auf ihren Gesprächspartner eingehen zu müssen.

Wichtig: Bedenken Sie: Es gibt nirgendwo auf dieser Welt ein Gesetz, in dem steht, dass Sie auf ihren Vorredner eingehen müssen. Lassen Sie das, was Sie nervt, links liegen, ignorieren Sie es völlig. Sollte Ihnen dies zu anstrengend sein, reagieren Sie einfach kurz und knapp mit einem zweisilbigen, kurzen Kommentar.

Beispiel: ───────────────────────────

Verbalangriff: „Sie denken wohl, Sie bekommen Ihr Geld hier nur fürs Rumsitzen?"

Ihr Kommentar: Beantworten Sie den Angriff nur mit einem zweisilbigen Wort, einem monotonen kurzen Kommentar. „Ach was!"

Weitere Kommentare: „Aha!", „Ach so", „Soso", „Schade", „Potz Blitz!", „Oh je!", „Sag bloß!", „Oha"

Praxis-Tipp:

Die zweisilbige Antwort ist sozusagen eine Minimalantwort mit Energiespareffekt. Sie eignet sich besonders gut für Menschen, die schnell sprachlos sind und denen auf die Schnelle nichts einfällt.

Achtung: Sämtliche Kontra-Antworten, mit denen Sie den Gegner „ins Leere laufen" lassen, sind vor allem dazu da, dass Sie es bequem haben. Sie dienen nicht dazu, aus Ihrem Verbalangreifer einen besseren Menschen zu machen. Lassen Sie Ihren Gegner so sein, wie er es will.

Ihre Reaktion:

....

....

Fragen statt ärgern

Eine kleine Geschichte vorab:

Das Kind kam zu seinem Vater und setzte sich auf seinen Schoß. „Du Papi, wie funktioniert der Fernseher?" – „Das weiß ich nicht."

„Du Papi, woher kommt der Strom?" – „Das weiß ich nicht."

„Papi, warum wächst das Gras?" – „Ich weiß es nicht."

„Papi, stört es dich eigentlich, wenn ich all diese Fragen stelle?"

„Natürlich nicht, mein Kind. Wie sollst du denn etwas lernen, wenn du keine Fragen stellst?!" (Bruce Dillmann)

Vielleicht fragen Sie sich jetzt, was soll denn das schon wieder? Fragen statt ärgern. Ich will meinen Ärger loswerden und keine Fragen stellen. Ich will schlagfertig sein, den anderen verblüffen. Aber Fragen stellen – wozu? Was habe ich von einem „Ja" oder „Nein" als Antwort? Da habe ich meinen Ärger auch nicht los. Und was muss ich Ihnen an dieser Stelle sagen: „Wahrscheinlich haben Sie Recht!?" Damit werden Sie Ihren Ärger nicht los. Denn, wenn Sie ein „Ja" oder „Nein" zur Antwort bekommen, haben Sie eine geschlossene Frage gestellt.

Beispiel:

Ihr Sohnemann kommt zwei Stunden später als vereinbart nach Hause. Sie haben sich Sorgen gemacht, nach unserem alten Neandertaler-Negativ-Programm schon das Schlimmste im Geiste ausgemalt. Sie stehen halt nun einmal auf Horrorfilme. Zumindest in Ihrem eigenen Kopfkino. Endlich dreht sich der Schlüssel im Türschloss der Eingangstür. Die Tür öffnet sich und Ihr Sohn schleicht herein. Mit einem Schlag ist Ihre Sorge gewichen und ein neues Gefühl tritt zu Tage: Ärger oder gar Wut. Berechtigt sagen Sie, schließlich hat er die Vereinbarung gebrochen. Also stellen Sie ihn sofort zur Rede: „Weißt du, wie spät es ist? Wir hatten doch 23.00 Uhr vereinbart, kannst du dich daran erinnern? Und wie spät ist es jetzt?" Welche Antwort ernten Sie auf diese geschlossenen Fragen? Je nach psychobiologischem Programm Ihres Sohnes ein betretenes „Ja", mit Blick nach unten, vielleicht noch in Verbindung mit einer kleinen betroffenen Entschuldigung „Tut mir leid, kommt nicht mehr vor" oder mit festem Blickkontakt, selbstsicher „Ja" mit dem Nachsatz: „Was regst du dich denn so auf, wegen der zwei Stündchen", dreht sich um und geht in sein Zimmer. Was haben Sie nun erreicht? Haben Sie einen Denkprozess im Kopf Ihres Sohnes angeregt? Weiß er nun, warum Sie ihn so attackiert haben? Wird er sich zukünftig anders verhalten?

Ein Kommunikationsgrundsatz besagt: „Wer fragt, führt!". Wer die Fragen in einem Gespräch stellt, führt, steuert und nimmt aktiv Einfluss auf den Gesprächsverlauf und den Ausgang des Gesprächs. Mit geschlossenen Fragen, die lediglich ein Antwortspektrum von „Ja" bis „Nein" und eventuell noch ein „Jein" oder „Weiß nicht" zulassen, produzieren Sie sich selbst Probleme:

- Sie verursachen einen Verhörcharakter.

- Sie müssen nach der kurzen, knappen Antwort sofort wieder ran, was für Sie auf Dauer sehr stressig werden kann.

- Sie regen damit im Kopf des Gesprächspartners keinen (eigenen) Denkprozess, sondern Widerstand oder Betroffenheit an.
- Sie bekommen zu wenig Informationen vom Gegenüber.

Aber ich erhalte doch eine klare Antwort und weiß, wie ich dran bin, werden Sie vielleicht einwenden? Auch da kann ich Ihnen wieder voll und ganz zustimmen. Wenn Sie eine Entscheidung oder eine Bestätigung wollen, dann ist die geschlossene Frage genau richtig. Wenn Sie jedoch mehr vom anderen erfahren möchten, sind die so genannten offenen Fragen oder W-Fragen richtig, da diese Fragen mit einem Fragewort beginnen, das mit einem „W" beginnt: Wer, Wo, Was, Wann, Welche, Wie, Wofür, Womit, Wozu etc. Auf diese Art von W-Fragen erhalten Sie eine längere, umfangreichere Antwort. Sie erfahren mehr über und von Ihrem Gegenüber. Etwas problematischer sind folgende W-Fragewörter: Warum, Weshalb, Wieso? Die sollten Sie weniger stellen. Sie orientieren in die Vergangenheit und wirken anklagend.

Weitere zehn gute Gründe, offene Fragen zu stellen:

- Sie fördern den Dialog und unterbinden den Monolog.
- Sie können Wünsche und Probleme Ihres Gegenübers herausfinden.
- Sie können damit geschickt das Thema wechseln.
- Sie können eine Reaktion des Partners herausfordern.
- Sie können helfen, peinliche Momente zu überbrücken.
- Sie können dadurch neue Einsichten und Erkenntnisse gewinnen.
- Sie regen das Denken des Gesprächspartners an.
- Sie können Spannungen im Gespräch lösen.
- Sie können dabei helfen, den anderen zu begeistern.
- Sie können damit Ansichten und Meinungen korrigieren.

Was Sie tun können, wenn „es" Sie unerwartet erwischt

Wie hätten Sie den Denkprozess Ihres Sohnes anregen können, damit er versteht, warum Sie sich Sorgen gemacht haben, wozu es aus Ihrer Sicht notwendig ist, getroffene Vereinbarungen einzuhalten? Nicht nur die Fragen, die wir stellen, sondern auch die Fragen, die wir nicht stellen, beeinflussen unser Leben. Wenn Sie konstruktive, positive Fragen stellen, erhalten Sie bessere Antworten, als wenn Sie destruktive Fragen stellen. Kennen Sie die typischen Fragen deprimierter Menschen, die in einem schlechten Zustand, ohne Lächeln, mit falscher Körperhaltung durchs Leben schleichen, sich überlastet und überfordert fühlen? Genau: „Warum muss immer mir das passieren?", „Was soll das überhaupt? Egal was ich mache, alles geht schief, lieber Gott, warum nur?" oder: „Was habe ich getan, dass ausgerechnet mir das schon wieder passiert?" Die Qualität Ihrer Fragen prägt die Qualität Ihres Lebens! Stellen Sie bessere, positivere Fragen an sich, den lieben Gott oder das Universum (falls Sie an keinen Gott glauben), Ihre Gesprächspartner und Sie erhalten mit Sicherheit bessere, positivere und wertvollere Antworten!

Weitere drei gute Gründe für konstruktive Fragen an sich selbst:

- Sie verändern sofort unseren Blickwinkel und damit unsere Gefühle.

- Sie geben Orientierung und Energie.

- Sie beeinflussen, wie wir uns selbst wahrnehmen und wozu wir fähig sind.

Welche Reaktion wäre eingetreten, wenn Sie konstruktive, die Situation klärende Fragen gestellt hätten? Beispielsweise hätten Sie fragen können: „Ich habe mir Sorgen gemacht, was ist denn passiert, dass du viel später kommst, als wir vereinbart haben?", „Wozu meinst du ist es wichtig, gemachte Zusagen im Leben einzuhalten?" oder: „Was kannst du zukünftig tun, damit das nicht noch einmal vorkommt und ich mir nicht solche Sorgen machen muss?" Achten Sie auf Ihre Betonung, die Fragen sollen keine Anklage sein, sondern das Gespräch fördern. Wie würde dann vielleicht der Gesprächsverlauf aussehen? Wäre er entspannter, konstruktiver? Würde bei Ihrem Sohn eher ein Denkprozess – in Ihrem Sinne – angeregt werden? Ich glaube schon! Und gute Fragen im Gespräch lassen Sie selbstbewusst wirken, nicht nur im Gespräch mit Ihren Kindern oder in der eigenen Familie, sondern besonders im Berufsleben. Vor allem Verkäufer und Führungskräfte sollten, und das ist meine Erfahrung aus vielen Trainings, positive, offene und vor allem konstruktive Fragen stellen. Damit bekommen Sie von Ihren Gesprächspartnern die notwendigen Informationen, fördern ein gutes Gesprächsklima, stoßen Denk- bzw. Klärungsprozesse an, steuern und führen das Gespräch in Ihrem Sinne und erreichen Ihre persönlichen Zielsetzungen leichter.

Weitere Problemlösungsfragen, die Sie sich stellen können:

- Was ist an diesem Problem trotz allem positiv?
- Was konkret ließe sich noch verbessern?
- Was wäre ich bereit zu tun, um die Situation nach meinen Wünschen zu verändern?
- Worauf würde ich bereitwillig verzichten, um die Situation nach meinen Wünschen zu verändern?
- Wie kann ich diesen Veränderungsprozess genießen, während ich das Notwendige tue, um die Situation nach meinen Wünschen zu verändern?

Sie müssen wissen, wir Menschen besitzen einen Antwortreflex. Das wurde uns in der Kindheit und in der Schule langjährig erfolgreich antrainiert. Wir antworten fast zwangsläufig auf beinahe jede uns gestellte Frage. Nutzen Sie diese Möglichkeit, um in ärgerlichen Situationen zum einen schlagfertig zu reagieren und selbstbewusst zu wirken sowie zum anderen herauszufinden, was genau, wie genau der Verbalangreifer das Gesagte gemeint haben könnte, anstatt (siehe Kapitel 1 unter Generalisierungen, S. 54) persönliche Mutmaßungen und Spekulationen darüber anzustellen. Vorteil: Sie brauchen gar nicht erst etwas Schlimmes denken. Sie brauchen sich dann nicht über etwas zu ärgern, was der andere gar nicht gemeint, sondern nur Sie gedacht und gemutmaßt haben.

Gute Fragen stellen ist ein mächtiges Instrument. Fragen können wunderbar Angriffe abwehren, sie können „teuflisch" sein, sie können andere aufbauen oder in Bedrängnis bringen und sie können zum Erzählen aktivieren.

Wichtig: Sagen Sie nach einer gestellten Frage nichts mehr! Schweigen Sie und warten Sie auf die Antwort. Das wirkt viel besser. Der Stress ist nun auf Seiten des Antwortenden, und Sie können sich entspannt zurücklehnen, zuhören und die nächste Frage vorbereiten. Es ist allerdings eine weit verbreitete Unsitte, eine Frage zu stellen und weiterzureden oder gar selbst die Antwort zu geben. Was signalisieren Sie damit Ihrem Gesprächspartner, wenn Sie einfach weiterreden? – Sie geben ihm das Gefühl, dass Sie nicht wirklich an ihm und seiner Antwort interessiert sind bzw. die Antwort besser wissen.

Nach dem kleinen Exkurs zum Thema Fragen in der Gesprächsführung wollen wir uns jetzt einmal genauer ansehen, wie Sie in ärgerlichen Situationen mit Fragen besser dastehen, sich schützen und verteidigen können. Ziel der Rückfrage ist es, dem sprachlichen, giftigen Angriff den Zahn zu ziehen. Sie sollen sich damit emotional schützen, denn oftmals ist das Ganze die Aufregung nicht wert. Leider schaffen viele Menschen es immer wieder, aus Anton Meise, genannt Ameise, nicht nur einen Elefanten, sondern einen überdimensional großen Mammut zu machen. Und wie dieser dürfte Ihr Ärger vielleicht auch bald ausgestorben sein.

Nachfolgend vier verbale Strategien, wie Sie sich mit Fragen gegen giftige Pfeile, Speere, Stacheln oder kleine Nadeln schützen können. Anschließend noch einige Verbalattacken für Sie zum Trainieren.

Die entgiftende Korkenzieher-Frage

Mit der entgiftenden Korkenzieher-Frage können Sie aus einem Verbalangriff das giftige Wörtchen, welches Sie am meisten ärgert oder Ihre Gefühle verletzt, herausziehen. Stellen Sie dem Angreifer eine kurze Rückfrage, was dieses giftige Wort bedeuten soll.

Beispiel:

Verbalangriff: „Da haben Sie ja wieder einmal einen Riesen-Bockmist verzapft!"

Ihr Korkenzieher: „Was verstehen Sie unter Riesen-Bockmist?"

Weitere Korkenzieher:
„Was meinen Sie, wenn Sie (giftiges Wort einsetzen) sagen?"
„Was meinen Sie konkret mit ...?"
„Interessant, wie definieren Sie ...?"
„Was genau bedeutet ... für Sie?"

Praxis-Tipp:

Die entgiftende Korkenzieher-Frage eignet sich besonders, wenn Sie unsachlich angegriffen und kritisiert werden. Damit distanzieren Sie die giftigen, verletzenden Worte und geben dem Verbalangreifer die Möglichkeit, doch noch sachlich zu werden. Sie bauen eine Distanz auf, die Sie emotional schützt.

Ihre Reaktion:

....

....

Was Sie tun können, wenn „es" Sie unerwartet erwischt

Die Details klärenden Fragen

Bevor Sie Mutmaßungen anstellen, wie Ihr Gegner es gemeint haben könnte, fragen Sie nach, anstatt sich mit Vermutungen das Leben schwer zu machen. Strapazieren Sie Ihre Denkfabrik nicht mit unnötigem Sondermüll.

Beispiel:

Verbalangriff: „Die Zahlen in Ihrem Bericht sind ja völlig aus der Luft gegriffen!"

Details klären: „Welche Zahl meinen Sie konkret?"

Weitere klärende Fragen:
„Von welchen (zu klärenden Begriff einsetzen) konkret sprechen Sie?"
„Welche zusätzlichen Informationen benötigen Sie noch?"
„Was müsste konkret anders sein, damit Sie den Eindruck bekommen, ...?"
„Was fehlt/Was müsste sein, damit der Vorwurf nicht mehr zutrifft (Gegenteil des Vorwurfes formulieren)?"

Praxis-Tipp:

Klären Sie Sachverhalte, bevor Sie sich über unnötige Begebenheiten aufregen. Sie wissen ja, in Obst kann man nicht hineinbeißen. Aber in einen Apfel, Pfirsich, eine Birne. Also, wenn Sie genau wissen, was von Ihnen erwartet und gefordert wird, können Sie richtig handeln. Nehmen Sie auch niemals Arbeitsanweisungen an, die unklar sind. Ein „Na, Sie wissen schon, was ich brauche/mir vorstelle, machen Sie mal" vom Chef kann gut gehen, ist meist allerdings schon ein Fuß im Fettnapf.

Ihre Reaktion:

....

....

Die Missverstanden-Frage

Wenn Sie es sich ganz einfach machen möchten, stellen Sie sich dumm, spielen Sie den Doofen oder als hätten Sie etwas nicht richtig verstanden. Achten Sie aber auf Ihre Betonung. Ihre Reaktion muss glaubhaft und darf nicht als versteckter Angriff beim Gesprächspartner ankommen. Angriff ist nicht immer die beste Verteidigung. Oftmals schaukeln sich Aktionen so nur unnötig hoch und lassen sich nach kürzester Zeit überhaupt nicht mehr kontrollieren. „Wie man in den Wald hineinruft, so schallt es zurück", besagt ein altes Sprichwort.

Beispiel:

Verbalangriff: „Sie denken wohl, dass Sie ihr Gehalt nur fürs Stuhlwarmhalten verdienen?"

Ihre Frage: „Wie bitte?" oder „Was für'n Ding?" und den Angreifer etwas verständnislos anblicken.

Wichtig: Toppen Sie das Ganze, indem Sie nochmals nachfragen: „Wie bitte? Ich habe Sie akustisch nicht verstanden?" Drehen Sie den Kopf dabei etwas zur Seite, und wenden Sie dem Angreifer leicht ein Ohr zu. Rein theoretisch könnten Sie auch noch ein drittes Mal fragen: „Entschuldigen Sie, könnten Sie's noch einmal wiederholen?" Wie gesagt, achten Sie dabei auf Ihre Betonung und spielen Sie den „Doofen". In der Regel vermutet niemand hinter der Vorgehensweise einen Trick und wird den Vorwurf wiederholen. Und wie bei einem Witz, bei dem man die Pointe zu oft erzählt, nutzt sich dessen Wirkung ab. Übertreiben Sie es aber nicht. Wechseln Sie bei ein und demselben Angreifer immer wieder einmal Ihre Strategie, sonst nutzt sich auch diese ab.

Ihre Reaktion:

....

....

Standardisierte Rückfrage

Zehn Standardrückfragen, die auf fast jeden Vorwurf passen. Sie müssen nur ein oder zwei auswendig lernen, dann haben Sie immer eine schlagfertige Reaktion bei der Hand. Es lohnt sich, die Rückfrage als Antwortmuster auf Verbalangriffe zu trainieren, da die Frage eine einfache, effektive Methode der Schlagfertigkeit und Gesprächsführung ist. Probieren Sie es zunächst als „Spiel" im Freundeskreis, bevor Sie mit schwierigen Gegnern in den Ring steigen.

- Wie bitte?
- Woher haben Sie Ihre Informationen?
- Worauf wollen Sie hinaus?
- Können Sie mir einen guten Tipp geben?
- Wie meinen Sie das?
- Was genau wollen Sie wissen?
- Warum fragen Sie?
- Haben Sie Probleme damit?
- Das ist Ihre Meinung. Leiden Sie darunter?
- Spielt das eine Rolle?

Ihre Standardrückfrage:

....

....

Spielen Sie bestimmte, Ihnen bekannte ärgerliche Situationen im Kopf immer wieder durch, trainieren Sie Ihr Reaktionsvermögen. Mit der Zeit wird der erste Schreck nicht mehr zur Denkblockade führen und Sie können schlagfertig, erfolgreich kontern. Halten Sie sich in einem guten Zustand, denn ohne diesen bringen Sie nicht die volle Leistung und genießen Ihr Leben zu wenig. Das wäre doch zu schade! Oder wie Anthony Robbins in einem seiner Bücher schreibt: „10 Minuten Problemphysiologie[6] am Tag sind völlig ausreichend." Wie Recht er hat!

Praxis-Tipp:

Bevor Sie sich ärgern oder aufregen, stellen Sie sich doch einfach einmal folgende drei Fragen:

- Was kann denn schlimmstenfalls passieren?

- Wie schlimm ist es wirklich, wenn dies passieren würde?

- Wie groß ist die Wahrscheinlichkeit, dass dies auch tatsächlich eintritt?

Setzen Sie einmal eine Relation auf einer Skala von 0 bis 100 für Ihren Ärger-Favoriten Nr. 1 fest:

0 – 10 – 20 – 30 – 40 – 50 – 60 – 70 – 80 – 90 – 100

---

[6] Problemphysiologie ist ein energieloser, deprimierter Körper- und Geisteszustand. Sie orientieren sich in dem Zustand ausschließlich auf das Problem statt auf die Lösung.

Was Sie tun können, wenn „es" Sie unerwartet erwischt

Überprüfen Sie nochmals, ob es wirklich so schlimm ist, wie Sie denken? Oder nur eine aufgeblasene Mücke? Ich helfe Ihnen mit vier Beispielen, damit Sie besser abwägen können, wie schlimm der Ärger wirklich ist:

- Wie schlimm ist die ganze Sache im Verhältnis dazu, Ihr Augenlicht zu verlieren? Relativieren Sie Ihren Ärger – jetzt …

  0 – 10 – 20 – 30 – 40 – 50 – 60 – 70 – 80 – 90 – 100

- Wie schlimm ist die ganze Sache im Verhältnis dazu, unschuldig zu lebenslanger Haft verurteilt zu werden? Relativieren Sie Ihren Ärger – jetzt …

  0 – 10 – 20 – 30 – 40 – 50 – 60 – 70 – 80 – 90 – 100

- Wie schlimm ist die ganze Sache im Verhältnis dazu, atomar verstrahlt zu sein? Relativieren Sie Ihren Ärger – jetzt …

  0 – 10 – 20 – 30 – 40 – 50 – 60 – 70 – 80 – 90 – 100

- Wie schlimm ist die ganze Sache im Verhältnis dazu, mit brennenden Zigaretten gefoltert oder gar lebendig gehäutet zu werden? Relativieren Sie Ihren Ärger – jetzt …

  0 – 10 – 20 – 30 – 40 – 50 – 60 – 70 – 80 – 90 – 100

Und bis vor kurzem dachten Sie bestimmt noch, Ihr Ärger wäre schlimm, es gäbe nichts Schlimmeres als das. Sehen Sie es immer noch so? Ich hoffe doch nicht. Relativieren Sie Ihren Ärger!

www.fit-for-business.de

Du wirst an der Wirkung,
nicht an der positiven Absicht gemessen.
(altes Sprichwort)

Körperliche Ebene

Nachdem Sie jetzt eine ganze Menge für Ihre sprachliche Anti-Ärger-Verhütung getan haben und sicherlich auch die vielen Tipps und Anregungen zum persönlichen Selbstmanagement zwischen den Zeilen bewusst oder unterbewusst wahrgenommen haben, lassen Sie uns schauen, was Sie auf der körperlichen Ebene noch tun können, damit es Ihnen schon in einer ärgerlichen, stressigen Situation besser geht und die Stresshormone erst gar nicht ausgeschüttet werden.

Selbstbewusst auftreten

„Tja, wenn ich mehr Selbstwertgefühl und Selbstvertrauen hätte", sagte die kleine graue Maus, „dann könnte die doofe Katze aber was erleben." So geht es vielen, die glauben, eine kleine graue, unscheinbare Maus ohne Möglichkeiten zu sein.

Eine kleine Geschichte[7] vorab:

Irgendwo tief in dir ...

Es war vor tausend Jahren. Die Götter beriefen ihren Rat ein, und Zeus gab den ersten Punkt der Tagesordnung bekannt. „Die Menschen auf der Erde werden immer aufmüpfiger, immer selbstbewusster. Das gefällt uns nicht, und wir müssen etwas dagegen unternehmen. Wir werden das Selbstbewusstsein der Menschen einfach verstecken, so dass sie es nicht mehr finden. Lasst uns beraten, wo."

---

[7] Quelle: Deutscher Vertriebs- und Verkaufs-Anzeiger 103/97, Artikel von Helmut Seßler „Glauben an sich selbst"

Nun begann eine große Diskussion, was zu tun wäre, damit man die Menschen wieder in den Griff bekäme. Es meldete sich der Gott zur Rechten des Zeus mit dem Vorschlag: „Ich glaube, wir sollten das Selbstbewusstsein der Menschen nehmen und auf den höchsten Berg der Erde legen." Doch Zeus war mit dieser Lösung nicht ganz einverstanden. „Ich glaube nicht, dass das geht. Die Menschen sind so erfinderisch, die werden Haken und Seile entwickeln und alles daransetzen, dass sie auf den Berg kommen und ihr Selbstbewusstsein wiederfinden." Man diskutierte weiter und es kam ein weiterer Vorschlag: „Wir sollten das Selbstbewusstsein der Menschen nehmen und auf den tiefsten Punkt des Meeres versenken." Mit diesem Vorschlag war Zeus aber auch nicht einverstanden, denn er glaubte, dass die Menschen mit Sicherheit ein Gerät, eine Kugel oder irgendetwas anderes erfinden könnten, mit dem sie auch auf den tiefsten Punkt des Meeres gelangen könnten, um das Selbstbewusstsein wiederzubekommen. Nach einer längeren Diskussion kam erneut eine Idee. „Wir sollten ein Loch bis in die Mitte der Erde graben, sollten das Selbstbewusstsein dort hineinlegen und das Loch wieder zuschütten." Doch auch das gefiel Zeus nicht, denn er dachte: „Mit Sicherheit werden die eine Maschine erfinden, eine Bohrtechnik oder sonstiges, um ihr Selbstbewusstsein auch aus der tiefsten Tiefe wieder hervorzuholen." Anschließend gab es eine lange Diskussion, der große Ratlosigkeit folgte. Man konnte keinen vernünftigen Vorschlag mehr finden. Da meldete sich der Azubi-Gott und sagte: „Ich habe auch einen Vorschlag. Ich denke, wir nehmen das Selbstbewusstsein des Menschen und verstecken es tief in seinem Innersten, denn dort wird er am wenigsten danach suchen." Dieser Vorschlag fand die Zustimmung aller Götter und hat bis zum heutigen Tage Gültigkeit.

Wichtig: Unser Selbstbild und unsere Selbstgespräche sind maßgeblich für unseren Wert, was wir uns und der Welt wert sind, verantwortlich. Je selbstbewusster Sie sind und auftreten, desto weniger werden Sie z. B. mit Verbalattacken konfrontiert werden, und wenn, dann können Sie wesentlich besser damit umgehen. Sie beziehen das Ganze nicht so sehr auf sich (würde ja den Selbstwert reduzieren), ärgern sich damit weniger. Sie nehmen die Sache zwar zur Kenntnis, aber sie wird in der Regel sofort abgehakt. Sie ärgern sich mehr, wenn Sie sich als Spielball der Welt sehen, nichts dagegen unternehmen können. Ihnen sind die Hände gebunden. Sie sind das Opfer. Das Leben macht aber viel mehr Spaß, wenn wir es spielen, statt gespielt zu werden. Dafür ist es notwendig, dass Sie wissen, was Sie wert sind, was Sie können. Was sind Ihre drei größten Stärken? Was hat Sie bisher erfolgreich durch das Leben gebracht? Welche außergewöhnlichen Fähigkeiten und Fertigkeiten besitzen Sie?

Ich kann besonders gut ...

1. ....

2. ....

3. ....

Haben Sie drei? Prima! Ist es Ihnen schwer gefallen oder haben Sie noch keine drei gefunden? Dann gehören Sie zu den ca. 80% meiner Seminarteilnehmer, denen es in der Regel auf diese Frage genauso geht. Vielleicht kamen Ihnen auch Fragen in den Kopf, wie: „Darf ich das überhaupt von mir behaupten?", „Klingt das nicht arrogant und überheblich?", oder Ausreden wie: „Was habe ich denn davon?", „Das müssen doch andere einschätzen!" Oder ist Ihnen ganz schnell eingefallen, wo Ihre Entwicklungsfelder liegen, was Sie nicht können. Setzen Sie die schwarze Neandertaler-Negativ-Brille ab. Mit Ihrem Selbstwertgefühl ist es wie mit einem zarten Pflänzchen. Sie müssen es hegen und pflegen, düngen, mit Wasser und Licht versorgen, damit es starke Wurzeln bekommen kann, wächst und gedeiht. Sie müssen wieder einmal etwas dafür tun, getreu dem Naturgesetz „Säen und ernten".

Was Sie tun können, wenn „es" Sie unerwartet erwischt

Unverzichtbare Voraussetzungen sind aus meiner Sicht dafür:

- Sie müssen wissen, was Sie besonders gut können.

- Sie müssen sich annehmen und lieben, wie Sie sind.

- Sie müssen positives Erinnerungsmanagement betreiben und sich auf Ihre Erfolge konzentrieren.

- Sie müssen aus Ihren Fehlern für die Zukunft lernen.

- Sie müssen sich darüber klar werden, was Sie wirklich wollen und warum Sie dies wollen.

- Sie müssen Spielführer werden und den Mantel Ihrer Opferrolle ablegen.

- Sie müssen Selbstvertrauen ausstrahlen.

Vielleicht haben Sie ab und an die 8. Leichtathletik-WM in Edmonton im Radio oder Fernsehen verfolgt. Im Sport entscheiden häufig Bruchteile von Sekunden oder wenige Zentimeter über Sieg oder Niederlage, über absoluten Freudentaumel oder frustrierte, lange Gesichter. Über hohe Siegprämien oder zweite, dritte, vierte Plätze. Vierter bei einer WM im 100-m-Lauf zu sein ist bitter. Man ist der Viertschnellste auf der ganzen Welt, steht nicht auf dem Treppchen und fast keinen auf der Welt interessiert es. Ist das nicht bitter? Aber noch schlimmer geht es dem Zweitplatzierten. Sie stehen zwar auf dem Treppchen und haben eine Medaille gewonnen, aber schon im nächsten Jahr wird nur noch vom Weltmeister, Olympiasieger etc. gesprochen. So ist die Welt. Sieger bekommen (fast) alles, z. B. sehr hohe Siegprämien. Das Doppelte oder Zigfache des Zweitplatzierten. Soll das heißen, die Sieger sind doppelt so schnell gerannt oder doppelt so hoch gesprungen? Nein, sie waren nur eine Nasenlänge voraus. Das ist das Grundprinzip von Erfolg. Eine Nasenspitze voraus zu sein. 1–2% besser als der Durchschnitt zu sein. Nur 1–2% besser in einer Disziplin, und man kann Ruhm und Geld ernten. Macht das nicht Mut? Sie müssen im übertragenen Sinn nur 1–2% besser als Ihre Mitbewerber sein, um „spitze" zu sein.

Über Ihre Fähigkeiten

Also machen Sie gleich einmal Inventur und schreiben Sie alles auf, was Sie können, was Ihnen Spaß macht. Analysieren Sie Ihre Hobbys, Beruf und Familie. Schreiben Sie alles auf, mögen es zunächst auch nur ganz banale Dinge sein. Was sagen andere (Eltern, Geschwister, Freunde, Bekannte, Arbeitskollegen etc.), das Sie gut können. Finden Sie jetzt gleich zehn Ihrer Stärken:

1. ....

2. ....

3. ....

4. ....

5. ....

6. ....

7. ....

8. ....

9. ....

10. ....

Ergänzen Sie diese Liste in den nächsten vier Wochen und lesen Sie sie immer wieder durch. Werden Sie sich Ihrer persönlichen Stärken bewusst. Pflegen Sie konstruktive, positive innere Dialoge und betreiben Sie Psycho-Hygiene genauso gewissenhaft wie Ihre Mund- und Körperhygiene. Falls es damit nicht so weit her ist, sollten Sie dies unbedingt ab sofort ändern. Wie wollen Sie sonst

selbstbewusst auftreten? Für Ihre Ausstrahlung ist es ganz entscheidend, wie selbstsicher Sie auf Ihre Umwelt, auf andere Menschen wirken. Dazu gehören eine klare, deutliche Sprache, kon-
gruente Körpersprache und ein sauberes, gepflegtes Äußeres.
Das Schöne daran, wenn wir selbstbewusst und positiv wirken,
bekommen wir entsprechende Rückmeldungen, die uns bestäti-
gen und weiter aufbauen. So entsteht eine regelrechte kleine
Selbstbewusstseins-Spirale. Schauen wir uns die einzelnen Kom-
ponenten einmal etwas genauer an:

Körpersprache

Die Körpersprache ist viel bedeutungsvoller, als Sie vielleicht ver-
muten. Nach Paul Watzlawick besteht unsere Kommunikation zu
7% aus Worten, zu 38% aus dem Tonfall und zu 55% aus den
non-verbalen Anteilen, der Körpersprache. Über die Hälfte wird
unsere Wirkung nach außen also durch unsere Körperhaltung
beeinflusst. Achten Sie ab sofort auf die Körpersprache anderer
Menschen, wie wirken diese auf Sie und warum? Und ganz
besonders achten Sie bitte auf Ihre eigene: Welche Haltung, Mimik und Gestik legen Sie an den Tag, wie kommt das an? Wirken
Sie offen und positiv, oder unsicher und verschlossen? Indem Sie
Ihre Körperhaltung verändern, können Sie auch Ihre Gefühle ändern. Wie das geht, lesen Sie unter Bodymanagement (s. S. 131).
Bedenken Sie auch das unter Mentaltraining aufgezeigte mentale
Gesetz „Wie innen – so außen." Ihr Körper verrät, was Sie innerlich von sich und anderen denken. Und wie Tom Peters einmal
feststellte: „Für den ersten Eindruck gibt es keine zweite Chance."

Tipps für eine aufmerksame, offene Körperhaltung

- Stellen Sie mit beiden Füßen guten Bodenkontakt her, das gibt Sicherheit und Halt.

- Halten Sie den Oberkörper und den Kopf aufrecht (stellen Sie sich vor, Sie würden von einem unsichtbaren Faden, wie eine Marionette, am Scheitel hochgezogen).

- Sitzen oder stehen Sie nicht stocksteif, bleiben Sie beweglich, aber ohne zu zappeln.

- Atmen Sie entspannt und gleichmäßig in den Bauch ein und aus, das beruhigt Sie zusätzlich.

- Versuchen Sie, Ihre innere und äußere Haltung in Einklang zu bringen, fühlen und strahlen Sie Sicherheit und Selbstvertrauen aus.

- Achten Sie auf einen klaren, aufmerksamen Blick und lächeln Sie.

- Achten Sie auch beim Gehen auf eine feste, kräftige und bewegliche Körperhaltung.

- Vermeiden Sie häufige Selbstberührungen (Nasereiben, Ohrläppchen zupfen etc.).

Tipps für einen guten Kontakt

- Ermöglichen Sie Blickkontakte und seien Sie freundlich.

- Achten Sie auf einen angemessenen Abstand zueinander, rücken Sie Ihrem Gesprächspartner nicht auf die Pelle.

- Gleichen Sie sich in der Gestik und Dynamik Ihrem Gesprächspartner an.

noch: Tipps für einen guten Kontakt

- Berühren Sie Ihren Gesprächspartner nur, wenn er es zulässt.

- Wenden Sie sich auch mit Ihrer Bein- und Fußstellung dem anderen zu.

- Vermeiden Sie Gesten, die den anderen abwerten, bedrohen oder Barrieren errichten.

- Lächeln Sie von innen heraus.

Sprache

Die Art, wie Sie sprechen, wie Sie betonen, welche Wortwahl und Lautstärke Sie wählen, hat immer eine bestimmte Wirkung auf Ihre Gesprächspartner. Wenn es Ihnen möglich ist, sich mit einer wohlklingenden und kräftigen Stimme Gehör zu verschaffen, gibt Ihnen das viel mehr Sicherheit und Vertrauen, als wenn Sie befürchten müssen, dass Ihre Stimme versagt oder Sie einen Frosch im Hals haben. Wenn Sie hier etwas für sich tun wollen, wenden Sie sich an einen Logopäden in Ihrer Nähe, besuchen Sie entsprechende Rhetorik- oder Stimmtrainingskurse. Verleihen Sie Ihrer Stimme mehr Ausdruck und Persönlichkeit.

Äußeres Erscheinungsbild

Entscheidend ist viel weniger, welche Kleidung Sie tragen, welche Figur oder was für eine Frisur Sie haben – entscheidend ist, dass Sie sich damit wohlfühlen. Dennoch gibt es, besonders wenn Sie im Businessbereich Karriere machen möchten, einige grundlegende Dinge zu berücksichtigen, um nicht in die Schublade „schlechter Geschmack" gesteckt zu werden. Wenn Sie wirklich etwas für sich und Ihr Erscheinungsbild machen möchten, sei es Veränderung oder nur Bestätigung, empfehle ich Ihnen auf jeden Fall, sich an eine Farb-, Stil- oder Typberatung in Ihrer Nähe zu wenden. Anschriften finden Sie sicherlich im Branchenverzeichnis Ihrer Stadt oder im Internet. Billiger wird es für Sie, wenn Sie in die Buchhandlung gehen. Es gibt jede Menge guter Bücher zu diesem Thema.

Praxis-Tipp:

Tragen Sie das, worin Sie sich sicher und nicht eingeengt fühlen. Ihre Kleidung sollte gut sitzen und gepflegt aussehen. Wählen Sie eine Frisur, die Ihren Typ unterstreicht. Passen Sie sich Ihrem Umfeld nur insoweit an, dass es nicht vollkommen unpassend ist (es sei denn, Sie fühlen sich damit wirklich wohl). Achten Sie auf Hygiene, Kosmetik und Schmuck. Übertreiben Sie nicht. Es sei denn, Sie arbeiten als Modell auf dem Laufsteg. Sehr saloppe Freizeitkleidung, Tennissocken und Birkenstockschuhe gehören genauso wenig ins Geschäftsleben wie Nasenringe und sichtbare Piercings. Nehmen Sie sich vor allem erst einmal so an, wie Sie sind. Und dann können Sie schauen, was sich vielleicht noch verbessern lässt, damit Sie so sicher auftreten können, wie Sie sich das wünschen.

Wenn Sie mit diesem Buch arbeiten, das dazugehörige Seminar besuchen und kontinuierlich an sich arbeiten, werden Sie mit Sicherheit feststellen, dass Sie mit der Zeit immer mehr Selbstvertrauen gewinnen und Sie es schaffen, sich immer besser zu behaupten. Konfrontieren Sie doch entsprechende Angreifer einfach einmal mit folgender selbstbewusster Strategie.

Was Sie tun können, wenn „es" Sie unerwartet erwischt

Rahmenbedingungen bzw. Regeln klären

Angenommen, Sie leiden unter dem ausfallenden Ton eines Mitarbeiters oder des Chefs. Stehen Sie auf, schauen Sie ihm in die Augen, gehen vielleicht noch einen Schritt auf ihn zu und sagen Sie ganz ruhig und freundlich, aber bestimmt: „Herr/Frau ... so lasse ich nicht mit mir reden, kommen Sie wieder, wenn Sie den normalen Ton wieder gefunden haben. Danke!" Drehen Sie sich um, entziehen Sie dem Gesprächspartner damit das Wort und lassen Sie ihn im Regen stehen. Wenn Sie den Blick entziehen oder weggehen, unterbrechen Sie immer die Kommunikation. Der andere hat damit ein großes Hindernis zu überwinden, wenn er etwas erwidern will. Drehen Sie sich dann auch nicht mehr um und legen Sie nicht nach. Das Wörtchen „Danke" als letztes Wort eines Aufforderungssatzes signalisiert ebenfalls ein deutliches Ende der Kommunikation. Es ist ein „Zauberwort", das höflich klingt und doch deutlich macht: „Ich habe jetzt alles Notwendige gesagt."

Weitere Anregungen für Formulierungen, um Rahmenbedingungen bzw. Regeln für den Umgang und die Kommunikation zu klären, können sein:

- „Herr/Frau ... ich möchte mit Ihnen dieses Thema in Ruhe besprechen, bitte unterlassen Sie die Sticheleien. Danke!"

- „Herr/Frau ... das ist nicht die Art, wie wir hier gewohnt sind, miteinander zu kommunizieren. Bitte unterlassen Sie Ihre persönlichen Angriffe und Bemerkungen. Danke!"

- „Herr/Frau ... lassen Sie uns nicht auf dieser Ebene miteinander diskutieren. Ich schlage vor, dass ..."

- „Herr/Frau ... ich würde gerne das Thema kurz und bündig, ohne Angriffe besprechen. Können wir uns darauf einigen? Danke!"

- „Herr/Frau ... bitte lassen Sie uns sachlich bleiben. Danke!"

www.fit-for-business.de

Die Rahmenbedingungen bzw. Regeln zu klären, ist immer dann sehr wichtig, wenn Sie langfristig mit jemandem gut auskommen müssen. Sie lenken damit das Gespräch in eine konstruktivere Richtung und stehen, im wahrsten Sinne des Wortes, gut da. Aus diesem Grund ist diese Strategie unter körperliche Ebene angesiedelt. Wie Sie nun noch zusätzlich durch Ihre Körperhaltung Ihre Stimmung positiv beeinflussen können, lesen Sie im Folgenden.

Bodymanagement

Das hat nichts mit Gewichte wuchten und Fitness-Studio zu tun, Sie kommen dabei auch nicht ins Schwitzen. Es ist sozusagen etwas für No-Sports-Fans. Diese Übung unterstützt und ergänzt in idealster Weise Ihr persönliches Stimmungsmanagement mit dem Lächeleffekt aus dem vorherigen Kapitel. In meinen Seminaren und Coachings gehören diese beiden Methoden untrennbar zusammen, da sie sich in der Wirkung nicht nur unterstützen, sondern sogar potenzieren. Schneller können Sie auf der körperlichen Ebene kaum zu einem besseren Zustand und Körpergefühl kommen. Sollten Sie allerdings der Meinung sein, dass es in der ärgerlichen, gestressten Situation spontan nicht angebracht ist zu lächeln, können Sie wenigstens mittels Bodymanagement für ein besseres körperliches Befinden und damit einem klareren Kopf sorgen. Wie funktioniert das nun? Wieder ganz einfach.

Machen Sie zunächst bitte wieder einmal ein kleines Experiment in zwei Stufen mit:

- Stufe 1: Setzen Sie sich auf dem Stuhl, oder Sofa, wo immer Sie im Moment sitzen, wie folgt hin: Rutschen Sie bitte mit dem Gesäß nach vorne an die Kante, Ihr Rücken sollte nicht mehr an der Lehne kleben, stützen Sie Ihre Unterarme auf den Oberschenkeln ab, lassen Sie Ihre Schultern und Kopf hängen und betrachten Sie den Boden. Bleiben Sie so ca. eine Minute sitzen, atmen Sie einige Male tief durch und sagen Sie laut und voller Überzeugung: „Ich bin gut drauf! Ich bin ein absoluter Powertyp! Ich könnte Bäume ausreißen!"

Na, wie klingt das? – Wirklich überzeugend nach „gut drauf", nach Power und Energie, nach Erfolgstyp? Oder eher wehleidig, klagend, oh je – und oh weh – mäßig? Okay, stehen Sie bitte einmal kurz auf, schütteln Sie Arme und Beine kurz aus. Das ist ganz wichtig, sonst vermischen Sie die Zustände. Setzen Sie den Versuch jetzt bitte mit der nächsten Runde fort.

- Stufe 2: Setzen Sie sich wieder auf dem Stuhl oder dem Sofa, wo immer Sie im Moment sitzen, wie folgt hin: Rutschen Sie bitte mit dem Gesäß so weit wie möglich nach hinten, Ihr Rücken sollte, wenn möglich, Kontakt mit der Lehne haben, aufrecht sein, und Ihre Fußsohlen sollten den Boden komplett berühren (90-Grad-Winkel im Fuß-, Knie- und Hüftgelenk wäre ideal), stützen Sie nun Ihre Handinnenflächen locker auf Ihren Oberschenkeln ab, wobei die Ellenbogen locker am Körper anliegen, nehmen Sie die Schultern nach hinten, Brust raus, Bauch rein und Kopf gerade halten. Den Blick leicht nach oben in die Ferne gerichtet, bleiben Sie so ca. eine Minute sitzen, atmen Sie einige Male tief durch und sagen dann laut und voller Überzeugung: „Ich fühle mich ganz klein und winzig, mir geht es hundeelend! Ich bin ein absoluter Versager!"

Na, wie klingt das? – Wirklich überzeugend nach hundeelend und Versager? Oder mussten Sie sogar dabei lachen, sich in der Körperhaltung mies zu fühlen? Wenn Sie beide Versuche live durchgeführt und nicht nur schnell darüber hinweggelesen haben, dann haben Sie die Erfahrung am eigenen Leib gespürt. Nun wissen Sie, was Sie tun müssen, um sich ganz schnell, im Bruchteil einer Minute, besser zu fühlen. Richtig – aufrecht hinsetzen oder -stellen, Blick nach oben, tief durchatmen und einfach gut fühlen. Können Sie sich vorstellen, wie dies kombiniert mit einem herzlichen Lächeln wirkt? Probieren Sie es am besten gleich aus, bevor Sie weiterlesen.

Zum Abschluss der körperlichen Reaktionsmöglichkeiten in Ärger-Situationen möchte ich Ihnen noch zwei kleine, kurze Tipps geben, wie Sie sich emotional schützen und auf Ihre eigentlichen Aufgaben, die anstehen und wichtiger als Sich-Ärgern sind, konzentrieren können.

Die Bahn frei machen

Was passiert eigentlich, wenn Sie beim Wintersport sind und es ruft jemand: „Bahn frei!" Bleiben Sie stehen und denken sich: „Der wird mit seinem Schlitten schon rechtzeitig bremsen können", „Der wird doch einen Bogen um mich fahren können" oder gehen Sie lieber auf Nummer sicher einen Schritt zur Seite? Was passiert, wenn Sie von einem aufgebrachten, ärgerlichen Zeitgenossen überrumpelt werden? Der Verbalanschlag trifft Sie frontal und direkt in die Magengegend. Emotionen sitzen nun mal im Bauch, auch wenn wir sie immer mit dem Herz in Verbindung sehen. Aber Sie haben z. B. Schmetterlinge im Bauch, wenn Sie frisch verliebt sind, Ärger schlägt Ihnen auf den Magen usw. Also der Angriff landet direkt in der Magengrube und die biochemischen Prozesse, die ich schon kurz beschrieben habe, laufen automatisch ab.

Praxis-Tipp:

Machen Sie einfach die Bahn frei und gehen Sie aus der direkten Schusslinie. Treten Sie einen kleinen Schritt zur Seite, drehen Sie den Oberkörper etwas seitlich und lassen Sie den Angriff an sich vorbeizischen.

Der Blick auf die Uhr

Eines der wichtigsten Elemente in Veränderungsabläufen, wenn Sie gerne etwas verändern möchten, heißt: Durchbrechen Sie Ihre alten Muster. Schaffen Sie neue Verknüpfungen im Gehirn, so dass die übliche Ärgerspirale, die gewohnte Sorgenkette augenblicklich unterbrochen und eingespielte, gewohnte Abläufe durchbrochen werden. Sie wissen ja schon, dass ein Engpass unseres Gehirns darin besteht, nur einen Gedanken zur gleichen Zeit bearbeiten zu können.

Praxis-Tipp:

Mit folgendem kleinen Trick können Sie Ihre innere, negative Plapperstimme, Ihren inneren Schweinehund stoppen. Wenn Sie merken, dass die Gedanken Richtung Ärger abschweifen, das Hamster-Sorgen-Rad zu laufen beginnt, sagen Sie ganz bewusst und, falls es Ihnen möglich, laut: „Stopp!" Schauen Sie auf Ihre Armbanduhr oder Zimmeruhr, stellen Sie die Uhrzeit fest und sagen diese laut: „Es ist jetzt 1.28 Uhr und ich habe jetzt Besseres zu tun, als mich zu ärgern. Ich werde mich heute Abend ab 21.00 Uhr darüber ärgern." Sollten Sie einmal keine Uhr bei der Hand haben, macht nichts, die Tageszeit können Sie sicherlich irgendwie schätzen. Oder sagen Sie sich einfach: „Stopp! – Es ist jetzt später Vormittag und ich habe wirklich im Moment Besseres zu tun, als mich darüber zu ärgern. Ich werde mich heute Abend nach den Nachrichten darüber ärgern." Am Abend können Sie dann abschätzen, ob Sie sich noch ärgern wollen oder ob die Sache schon „gegessen ist".

Geduld und Humor sind zwei Kamele,
die dich durch jede Wüste bringen.
(Arabisches Sprichwort)

Mentale Ebene

Sie haben sicherlich schon gemerkt, dass die Grenzen bei manchen Methoden fließend sind. So können körperliche Methoden auch sprachlich, vorher und auch nachher usw. angewandt werden. Machen Sie ihre eigenen Experimente und Verknüpfungen. Sie werden sich wundern, wie dieses Anti-Ärger-Brevier „Kreativ umdenken" Sie krea**k**tiv vorwärts bringt.

Die erleuchteten Lehrmeister

Vielleicht waren Sie schon einmal in Asien im Urlaub und kennen die Buddha-Statuen, die erleuchtet sind. Wissen Sie, was die haben? Die haben so eine kleine Spitze auf den Köpfen, das Erleuchtungsfeuer. Ein ganz genialer Tipp von Dr. Richard Carlson baut darauf auf. Stellen Sie sich vor, alle Menschen auf dieser Welt haben diese Flamme auf dem Kopf und sind erleuchtet. Nur Sie armer Tropf sind noch auf dem Weg zur Erleuchtung. Der vermeintliche Angreifer ist also kein Angreifer, sondern Ihr Lehrmeister. Überlegen Sie, welche Lektion für Ihr Leben er Ihnen lehren möchte. Finden Sie detektivisch heraus, was genau der genervte Taxifahrer, der langsame Kassierer, der meckernde Kollege, der aufgebrachte Chef oder der aufdringliche Telefonverkäufer Ihnen beibringen möchte. Vielleicht erkennen Sie dann vor dem Postschalter, wenn Sie gerade beginnen, sich wieder einmal über den langsamen, gemütlichen Postbeamten am Schalter hinter seiner sicheren Scheibe aufzuregen, dass er Ihnen nur die Lektion Geduld lehren möchte.

Falls Sie wider Erwarten keine Lektion ausmachen können, da der erste Stress schon die Tür zu Ihrer krea**k**tiven Denkfabrik geschlossen hat, können Sie folgende veränderte Variante einsetzen.

Die katholische Variante

Lösen und bereinigen Sie Ärger-Situationen doch einfach „katholisch", egal ob Sie an einen Gott glauben, katholisch, evangelisch, einer anderen Religionsgemeinschaft angehören oder Atheist sind. Diese Variante löst und bereinigt immer die ersten aufkommenden Ärger-Gedanken. Jedes Mal, wenn Sie merken, dass Sie sich über jemanden aufzuregen beginnen, falten Sie kurz die Hände und wünschen Sie dem Verursacher des Ärgers: „Der Friede sei mit dir, mein Sohn/meine Tochter!"

Vielleicht lachen Sie jetzt genauso wie einige meiner Seminarteilnehmer. Ich sage nur, ausprobieren und erleben. Es wirkt bestimmt. Manchmal müssen Sie Ihren Wunsch mehrmals wiederholen, da Ärger-Verursacher gelegentlich öfter als einmal Anlass zum Ausrasten geben können. Bleiben Sie einfach ruhig, freundlich, lächelnd und sagen Sie mehrmals innerlich: „Friede sei mit dir, mein Sohn/meine Tochter!" Als ich in meiner Jugend Ministrant war, hat diese Variante immer unser alter Herr Pfarrer angewandt, wenn er sich über uns ausgelassene, immer zu Späßchen und Streichen aufgelegte junge Messdiener zu ärgern begann. Meist verbunden mit einem Segen oder einem Kreuz auf die Stirn. Erst viele Jahre später habe ich den tieferen Sinn dieser Übung für mich entdeckt und schätzen gelernt.

Achtung: Sollten Sie jetzt sagen: „Ich mag dieses religiöse Gerede nicht." – Auch kein Problem, lassen Sie das Händefalten weg und wünschen Sie an Stelle von Frieden einfach Glück und Gesundheit, ein langes Leben, viel Liebe oder was auch immer Sie gerne lieben Menschen wünschen würden. Das tut auch gut, wenn Sie jemanden gar nicht ausstehen können. Schicken Sie dieser unsympathischen Person zehn Tage lang einmal (besser mehrmals täglich) liebevolle Gedanken. Sie werden überrascht sein, wie sich mit der Zeit Ihre Beziehung verändert. Denken Sie immer daran: Wie innen – so außen. Was Sie anderen wünschen,

wünschen Sie gleichzeitig auch sich selbst. Überlegen Sie gut, ob Sie sich unter diesem Gesichtspunkt für andere die Pest an den Hals oder doch lieber Frieden wünschen.

Anti-Ärger-Schutzanzug

Ärger und Aufregung verbreiten sich wie eine Grippeepidemie. Man hört nur davon, und schon ist man infiziert. Die Mutter ärgert sich über ihr Kind und meckert deswegen den Verkäufer im Supermarkt an. Der ärgert sich über die blöde Kuh und bedient den nächsten Kunden unfreundlich. Der ärgert sich über den unfreundlichen Verkäufer und schreit an der Ampel einen Radfahrer an, der sich am Auto vorbeidrängelt. Der ärgert sich über die uneinsichtigen Autofahrer und schreit einen anderen an usw. Weil uns das so häufig passiert, halten wir diese Ärger-Lawine schon für selbstverständlich. Einmal gestartet, donnert Sie unaufhaltsam, ohne Rücksicht auf Verluste, ins Tal. Da kann man halt wieder einmal gar nichts dagegen tun – oder?

Dazu ein kleiner Gedanken-Impuls:

Ein radikaler Grundsatz ...

Wenn du das Land in Ordnung bringen willst, musst du die Provinzen in Ordnung bringen. Wenn du die Provinzen in Ordnung bringen willst, musst du die Städte in Ordnung bringen. Wenn du die Städte in Ordnung bringen willst, musst du die Familien in Ordnung bringen. Wenn du die Familien in Ordnung bringen willst, musst du deine eigene Familie in Ordnung bringen. Wenn du deine eigene Familie in Ordnung bringen willst, musst du dich in Ordnung bringen. So einfach ist das. Und offenbar doch so schwierig. (alte östliche Weisheit)

Was Sie tun können, wenn „es" Sie unerwartet erwischt

Also wenn Sie Ärger vermeiden wollen, müssen Sie immer ZUERST bei sich anfangen. Und es gibt immer nur drei Möglichkeiten, mit Ärger, Problemen oder Konflikten umzugehen:

- Lösen Sie „es"!

- Leben Sie damit!

- Gehen Sie „ihm" aus dem Weg!

Nicht jammern, sondern anpacken und handeln macht Sie zu einem aktiven Mittelfeldspieler im Leben. Beginnen Sie bei sich, machen Sie Ihre Stimmung nicht von anderen abhängig. Solange Sie von irgendjemandem diesbezüglich abhängig sind, zappeln Sie am Haken wie ein Fisch. Der Angler hat es nun in der Hand, was mit Ihnen passiert. Wollen Sie das wirklich? Immer zappeln, wenn jemand an der Leine zieht. Erst wenn wir es schaffen, uns zu lösen, unseren eigenen Weg zu gehen, einen klaren, kühlen Kopf zu behalten, können wir uns wirkungsvoll schützen. Bestimmen Sie ab heute, wie es aus dem Wald schallt. Egal wer, was, wann und wo hineinruft. Sorgen Sie dafür, dass Ihnen nur noch positive, angenehme Gefühle unter die Haut gehen. Öffnen Sie Ihre emotionale Bauchtür ab heute nur noch für diese guten Gefühle. Bringen Sie ein Hinweisschild an: „Betreten für negative Gefühle verboten!" oder „Negative Gefühle müssen draußen bleiben!" Hüten Sie sich, wie Robert Anthony so schön sagt, vor NEAM's (= Negativem Einfluss anderer Menschen), solange Sie sich nicht kreaktiv geimpft haben. Noch besser, schützen Sie sich durch Ihren verbalschusssicheren und Giftpfeile abweisenden persönlichen Schutzanzug, der als Anti-Ärger-Airbag und Aufprallschutz stets dafür sorgt, dass Sie sich nicht anstecken und vergiften, wenn andere Ihren Ärger-Müll in Ihrer Nähe verklappen. Die moderne bequeme Anti-Ärger-Rüstung für jeden Tag. Sitzt und passt wie eine zweite Haut. Am besten gleich frühmorgens vor dem Aufstehen anziehen, spätestens bevor Sie das Haus verlassen, damit Sie nicht unvorbereitet im Ärger-Regen stehen.

Übungsanleitung zum Anti-Ärger-Schutzanzug

1. Entspannen Sie sich und denken Sie bitte an eine Situation in Ihrem Leben, in der Sie ruhig und gelassen reagiert haben. Falls Sie keine aktuelle finden, kreieren Sie eine. Tun Sie einfach so als ob.

2. Gehen Sie auf Ihre mentale Grundstufe.

3. Vergegenwärtigen Sie sich bitte in Ihrer Vorstellung diese Situation und stellen Sie sich diese mit allen fünf Sinnen vor. Gehen Sie an die Stelle, an der Sie sich am souveränsten, am besten fühlen. Verstärken Sie das Gefühl, dass Sie sich mit Sicherheit umgeben und schützen können. Ziehen Sie nun Ihren Anti-Ärger-Anzug an. Wie sieht er aus? Welche Farbe, welches Material hat er? Stellen Sie sicher, dass er von Kopf bis Fuß nur noch positive Gefühle an Sie heranlässt. Sie können alles hören und sehen, sind aber völlig geschützt. Negative Einflüsse anderer treffen Sie nicht mehr, prallen ab. Wenn Sie das vor Ihrem geistigen Auge sichergestellt haben, ziehen Sie langsam mit einer Hand beginnend vom Schritt/Schambein bis zur Nasenspitze den Reißverschluss zu (führen Sie die Handbewegung wirklich dazu aus, das ist wichtig!). Und jedes Mal, wenn Sie zukünftig diese Bewegung machen, ziehen Sie Ihren mentalen Reißverschluss zu und schützen sich vor negativen Einflüssen und davor, dass Ihnen unnötig oder unerlaubt Energie abgezapft wird. Stoppen Sie überflüssigen emotionalen Energieverbrauch!

4. Sehen, hören und fühlen Sie, wie ab sofort aller Ärger, alle verbalen Attacken, alle Unannehmlichkeiten an Ihrem Anti-Ärger-Anzug abprallen wie ein Stein, den Sie auf einen mit dicker Eisschicht zugefrorenen See werfen, wie ein Pingpong-Ball auf einer Tischplatte oder wie an einer schusssicheren Panzerglasscheibe an einem Bankschalter.

noch: Übungsanleitung zum Anti-Ärger-Schutzanzug

5. Finden Sie noch einen passenden Satz für dieses Bild als Begleitmusik und Suchbegriff in Ihrem persönlichen mentalen Archiv. Sagen Sie sich einen Satz: „Zutritt für Unbefugte verboten!", „Du musst draußen bleiben!", „Suche dir einen anderen!", „Das hat nichts mit mir zu tun!", „Dich lasse ich abblitzen!", „Rundumschutz für Lebensfreude!" oder etwas Ähnliches. Immer, wenn Sie zukünftig diesen Satz in Verbindung mit der Handbewegung und dem Bild Ihres Schutzanzuges visualisieren, wird dieser Emotionsschutz noch stärker – stärker als zuvor.

6. Zählen Sie von 1 bis 5 mit geschlossenen Augen. Bei 5 öffnen Sie wieder Ihre Augen, recken und strecken Sie sich. Sagen Sie laut und mit kräftiger Stimme, voller Überzeugung: „Ich bin hellwach, fit, voller Energie und fühle mich besser als zuvor!"

Sie haben Ihren mentalen Anti-Ärger-Anzug jetzt erfolgreich installiert und damit einen emotionalen Rundumschutz sichergestellt. Wenn Sie diesen Anzug entsprechend pflegen und ordnungsgemäß behandeln, wird er Ihnen lebenslang ein guter, hilfreicher Freund sein, mit dessen Unterstützung Sie negative Emotionen erfolgreich stoppen können. Und zusätzlich hilft Ihnen dieser Anzug gegen Energiediebe.

Eine ideale Übung, die besonders hilfreich für Menschen in sozialen, Pflege- oder Heilberufen ist. Damit Ihnen nicht „alles" an die Nieren geht, bzw. Sie sich nicht durch unnötige Härte und Abstumpfung schützen müssen. Mit diesem Anzug können Sie warmherzig und einfühlsam bleiben, ohne Angst vor „Ansteckung". Ich habe diesbezüglich im vergangenen Jahr einiges an unschönen Erfahrungen im Krankenhaus machen dürfen.

Was Sie tun können, wenn der „Schreck" vorüber ist

4

> Geschichten schreiben ist eine Art,
> sich das Vergangene vom Halse zu schaffen.
> (Johann Wolfgang von Goethe)

Sprachliche Ebene

Sollte eine Attacke einmal so schwer gewesen sein, Sie völlig unvorbereitet getroffen haben, oder Sie waren schon emotional geschwächt und es kam noch eins oben drauf, dass Sie keine der bisher aufgezeigten Methoden, Tricks oder Anregungen umsetzen konnten, dann wird es Zeit, dass Sie Ihren emotionalen Verbandskasten herausholen. Nachfolgend einige abschließende Anti-Ärger-Tipps zum Wundenverbinden, Desinfizieren und zur schnelleren Wundheilung, damit Sie nicht zu lange emotional verletzt oder vergiftet leiden müssen.

Ärger zu lösen ist die beste Art ihn loszuwerden. Wer seinen Ärger nicht loswird, dessen Los wird er. Egal ob vorher, gleich oder nachher. Egal auf welcher Ebene Sie damit beginnen, Hauptsache Sie reduzieren Ärger kontinuierlich aus Ihrem Leben. Sie tun sich und Ihrem persönlichen Umfeld damit garantiert etwas Gutes. Sie beugen vielen Krankheiten vor und stärken Ihre Psyche. Zusätzlich können Sie diese neu gewonnene Zeit viel besser und sinnvoller für die Verwirklichung Ihrer Ziele, für Ihre Familie, für sich oder was Ihnen sonst noch so am Herzen liegt, verwenden. Genießen Sie das Leben nach dem Motto: Ein Maximum an Genuss statt Verdruss!

Von der Seele schreiben

Einen guten Tipp gibt es von Mark Twain, oder war Goethe der Vater des Twainschen Gedankens? Mark Twain hat immer, wenn er sich über jemanden geärgert hat, diesem Ärger-Verursacher einen saftigen Brief geschrieben, in ein Kuvert gesteckt und mit einer Marke versehen. Seine kluge Frau hat dann regelmäßig dafür gesorgt, dass dieser Brief nicht im Briefkasten landet und den Empfänger somit nie erreicht.

Übernehmen Sie diese Idee von Mark Twain, aber besonders die von seiner Frau. Schicken Sie den Brief niemals ab! Immer wenn Sie jemand oder etwas sehr geärgert hat, schreiben Sie „es" sich von der Seele. Entgiften Sie Ihre Psyche, betreiben Sie Psycho-Hygiene, indem Sie Ihr Gift über die Finger ins Papier strömen lassen. Schreiben Sie, warum „es" Sie so ärgert, wie sehr „es" Sie verletzt hat, wie ungerecht, unfair, überzogen „es" ist oder war. Schreiben Sie detailliert nieder, was Sie sich vom Ärger-Verursacher wünschen. Fordern Sie Ihr Recht schriftlich ein. Knallen Sie dem anderen alles das an den Kopf, was Sie ihm schon lange sagen wollten. Sie wissen, Papier ist geduldig; es hält alles aus, was Sie loswerden wollen. Lassen Sie es los! Wie schon mehrmals gesagt: „Dinge, die Sie nicht loswerden, werden Ihr Los!" Schreiben Sie, was das Zeug hält. Lesen Sie den Brief nicht mehr durch, sondern stecken Sie ihn sofort in ein Kuvert und adressieren Sie dieses. Wenn Sie wollen, frankieren Sie den Brief (das Geld sollte es Ihnen wert sein, wenn Sie endlich diesen Ärger los sind) oder malen Sie symbolisch eine Briefmarke auf das Kuvert.

Wichtig: Geben Sie diesen Brief niemals auf! Machen Sie etwas viel Besseres damit. Übergeben Sie diesen Brief einem oder verschiedenen Elementen. Zur Auswahl stehen: Luft, Feuer, Erde und Wasser. Überlegen Sie sich gut, ob sich Ihr Ärger in Form dieses Briefes lieber in Luft auflösen, zu Asche werden, kompostiert werden oder untergehen soll. Wenn Sie sich entschieden haben, zerreißen Sie den Brief in viele kleine Teilchen, gehen Sie raus in die Natur und suchen Sie sich ein ruhiges Plätzchen, wo Sie Ihren Vorsatz in die Tat umsetzen können. Verabschieden Sie Ihren Brief und den dazugehörigen Ärger mit einem kleinen Ritual. Verstreuen Sie die Papierschnipsel im Wind, lassen Sie sie einen Bach oder

Abfluss runterfließen, verbrennen oder vergraben Sie diese. Atmen Sie anschließend dreimal tief durch und verschwenden Sie nie wieder einen Gedanken an diese Sache.

Was Sie mit Schreiben noch so bewirken können, erfahren Sie im nächsten Tipp.

Mein Erfolgstagebuch baut mich wieder auf

Da das Von-der-Seele-Schreiben nun erledigt ist und Sie schon etwas Übung im Niederschreiben Ihrer Gedanken haben, möchte ich Sie zu einem weiteren Schreibritual anregen. Es gibt im NLP und der Therapie einen Grundsatz: Für alles, was wir entfernen, müssen Sie etwas Neues, etwas Positives installieren, damit kein Loch zurückbleibt, in dem Ihre Energie versickert. Umgekehrt gilt dasselbe: Bevor Sie mit etwas Neuem beginnen, sollten Sie etwas Altes beenden oder aufgeben, damit die Balance gewahrt bleibt. Nehmen Sie z. B. Ihren Kleider- oder Schuhschrank. Wenn Sie nicht von Zeit zu Zeit „ausmisten", passen Ihre neu gekauften Kleidungsstücke oder Schuhe mit der Zeit nicht mehr hinein.

Achtung: Entrümpeln Sie ab und an Ihre Schränke und Wohnung. Sie werden staunen, was sich im Laufe der Zeit an unnützen Sachen so alles ansammelt. Vielleicht haben Sie diese Sachen irgendwann einmal wirklich gebraucht, vielleicht hängt auch einiges an Erinnerung daran, vielleicht meinen Sie auch, dass Sie dies oder das bestimmt irgendwann noch einmal gebrauchen könnten. Treffen Sie Entscheidungen und trennen Sie sich von allem Überflüssigen. Fragen Sie sich, brauche ich das wirklich noch? Alle Kleidungsstücke und Schuhe, die Sie seit mindestens zwei Jahren nicht mehr getragen haben, sollten Sie ausrangieren. Bringen Sie alles zum Secondhand-Laden oder spenden Sie es wohltätigen Organisationen[8].

---

[8]   Entsprechende Sammelcontainer finden Sie in jeder größeren Stadt oder fragen Sie beim DRK, bei der Caritas oder einem Pfarramt nach.

Zurück zu Ihrem „Ärger-ade"-Brief. Das Negative, den Ärger sind Sie jetzt los. Die Elemente kümmern sich schon darum, und Sie sollten sich wieder der positiven Seite des Lebens zuwenden. Schreiben Sie Ihr ganz persönliches Erfolgstagebuch. Schreiben Sie in den nächsten 30 (besser 100) Tagen jeden Abend auf:

- Was Ihnen heute gut gelungen ist
- Wo Sie Ihren Zielen heute näher gekommen sind
- Wem Sie heute helfen konnten
- Was Sie heute Gutes für Körper, Geist und Seele getan haben
- Was Sie heute dazugelernt haben
- Wofür Sie heute dankbar sein konnten
- Was Ihre persönlichen drei Schätze heute waren

Nutzen Sie dafür die Kopiervorlage im Anhang.

Lesen Sie jeden Abend den Eintrag des Vortages, einmal in der Woche die gesamten Wocheneinträge und einmal im Monat den gesamten Monat. Sie tun damit eine ganze Menge für Ihre Psycho-Hygiene und Ihre positive Wahrnehmung, sowie für Ihr Denken und besonders für Ihr Selbstbewusstsein. Achten Sie darauf, wie sich im Laufe der Wochen Ihre Denkfabrik auf neue positive Produkte umstellt. Sie können das Ganze noch durch eine positive Diät unterstützen. Nehmen Sie sich ganz fest vor, einen Tag lang (24 Stunden) nur das zu sagen und an Dinge zu denken, die Sie wollen und nicht an das zu denken oder das zu sagen, was Sie nicht wollen. Wenn Sie das 24 Stunden geschafft haben, nehmen Sie sich zwei, dann drei Tage und schließlich eine ganze Woche vor. Wenn Sie auch eine Woche lang durchgehalten haben, können Sie am besten gleich auf eine positive Kur gehen und sich fest vornehmen, in den nächsten vier Wochen nur zu sagen und zu denken, was Sie wollen und nicht, was Sie nicht wollen. Das ist der Turbo für Ihr Selbstwertgefühl und für Ihre Gelassenheit.

Die Umdeutung hat es wirklich in sich

Die Umdeutung ist für mich eine der besten NLP-Techniken, die das Leben und besonders den Umgang mit Ärger enorm erleichtern kann. Umdeutung oder in der Sprache des NLP „Reframing" (zu deutsch: umrahmen; mit einem neuen, anderen Rahmen versehen) genannt, ist eine Methode, in der eine ärgerliche Situation, ein Problem, ein Zusammenhang oder ein Verhalten auf eine andere Art und Weise, in einem neuen Rahmen bzw. Zusammenhang und dadurch mit einer veränderten Bedeutung gesehen wird.

Ein typisches Beispiel zur Verdeutlichung, welches Sie sicher alle kennen. Ein Optimist und ein Pessimist schauen auf ein halbvolles Glas. Für den Optimisten ist es noch halb voll. Er freut sich, dass er noch ein halbes Glas genießen kann. Für den Pessimisten hingegen ist es schon halb leer. Er bedauert, dass er nur noch ein halbes Glas zum Durstlöschen besitzt. Viele Menschen hadern mit ihren „negativen" Eigenschaften oder Missgeschicken und sind deshalb nicht in der Lage, die Kehrseite, die Lernchance, also das Gute am Schlechten, am Problem oder am Ärger wahrzunehmen. Dies hat zur Folge, dass die vorhandenen, beschränkten Energien im Kampf gegen sich selbst, gegen die Situation und gegen andere aufgebraucht werden. Dabei wäre mit einer einzigen Frage eine Wende möglich. Diese Frage lautet: „Was ist das Gute am Schlechten?" Mit dieser Frage wird im Gehirn Platz gemacht für neue Ideen oder Möglichkeiten.

Und wie immer gilt natürlich: Sie sind verantwortlich! Sie müssen es wollen, dann schaffen Sie es auch! Jedes Problem, jede negative Eigenschaft ist nämlich irgendwo gut zu gebrauchen und in einem anderen Zusammenhang sogar hilfreich und wertvoll. Alles, wirklich alles, auch jede Ihrer (vielleicht verhassten) negativen Eigenschaften ist in irgendeinem anderen Zusammenhang nützlich und sinnvoll. Gehen Sie auf Entdeckungsreise, machen Sie sich auf die Suche nach dem größeren Keim einer neuen Chance.

Dann wird der Kratzer, den Sie sich gerade in die Stoßstange Ihres Autos gefahren haben, halb so schlimm. Überlegen Sie, welchen Hinweis das Leben Ihnen da gegeben hat, statt mit sich zu hadern und innere Dialoge der Art: „Du Idiot, kannst du nicht aufpassen, du hast doch den Pfeiler gesehen!", „So ein Sch..., am neuen Auto!" (bzw. da Sie schon das transformatorische Vokabular kennen gelernt haben, werden Sie an dieser Stelle vielleicht: „So ein Kompost..." oder „So ein Dünger..." denken) oder Ähnliches führen. Mit dieser Art der Kommunikation würden Sie in der Außenwelt bestimmt keine neuen Freunde gewinnen.

Vielleicht haben Sie Ihren ärgerlichen Vorfall allerdings, nach dem mentalen Gesetz: „Wie innen – so außen", sogar magnetisch angezogen. Wie oft haben Sie vielleicht gedacht: „Hoffentlich mache ich keinen Kratzer in das neue Auto!", „Hoffentlich fahre ich nicht eines Tages an diesen doofen Pfeiler!"

Praxis-Tipp:

Können Sie sich noch an das Phänomen des rosaroten Elefanten auf Seite 45 erinnern. Sie steuern immer geradewegs auf das zu, was Sie n i c h t wollen. Löschen Sie Verneinungen aus Ihrem Denken und Ihrer Sprache. Überschreiben Sie zukünftig jeden negativen Gedanken mit seiner positiven Entsprechung bzw. haben Sie immer eine positive Beteuerung im Gedächtnis, sagen Sie sich statt des negativen Gedankens mehrmals z. B.: „Ich bin gesund!" Jede positive Beteuerung eignet sich prima zum Überschreiben eines negativen Gedankens. Machen Sie die positive Diät oder besser die ganze Kur. Gehen Sie ins Positive-Gedanken-Trainingslager.

Was Sie tun können, wenn der „Schreck" vorüber ist

Aber zurück zum Guten am Schlechten. Andrew Matthews hat in seinem Bestseller „Tu, was dir am Herzen liegt" eine schöne Metapher. Er sagt, das Leben wirft nach uns mit kleinen Kieselsteinchen. Wenn wir diese nicht wahrnehmen und im Alltagstrott so weitermachen wie bisher, packt das Schicksal die Backsteine aus und wirft nach uns. Die sollten wir eigentlich merken und etwas in unserem Leben wahrnehmen, das es zu verändern gilt. Meist schreien wir „Aua", machen aber unbeirrt weiter, wie bisher. Was bleibt dem Leben denn anderes übrig, um uns klar zu machen, dass es höchste Zeit ist einen neuen Weg zu beschreiten, als einen großen Felsbrocken auszupacken und auf uns fallen zu lassen. Wenn wir dann platt wie eine Flunder darunter liegen, haben wir Zeit und Muße, über uns und unser Leben nachzudenken. Die meisten Menschen müssen immer erst auf der Nase liegen, bevor Sie mit dem Umdenkprozess beginnen. Wozu immer bis zum tiefsten Schmerz warten. Seien Sie aufmerksam, seien Sie achtsam. Nehmen Sie die Kieselsteinchen wahr, und das Leben wird viel, viel einfacher.

Überlegen Sie schon beim Kratzer in der Stoßstange: „Was ist das Gute am Schlechten? Welchen Wink will mir das Leben, das Schicksal geben?" Mein Angebot: Wie wäre es, konzentrierter Auto zu fahren, mehr im Hier und Jetzt zu leben, nicht schon am Ziel zu sein, wenn Sie gerade ins Auto einsteigen, rechtzeitig loszufahren oder Ihre Zeit besser zu planen?

Eine kleine Impuls-Geschichte dazu:

Eine Geschichte zum Nachdenken ...[9]

Ein Mann wurde einmal gefragt, warum er trotz seiner vielen Beschäftigungen immer so gesammelt sein könne. Dieser sagte: „Wenn ich stehe, dann stehe ich – wenn ich gehe, dann gehe ich – wenn ich sitze, dann sitze ich – wenn ich esse, dann esse ich – wenn ich spreche, dann spreche ich ..."

---

[9] Aus: „Wir wollen leben", Dietmar Rost/Joseph Machalke

Da fielen ihm die Fragesteller ins Wort und sagten: „Das tun wir auch, aber was machst du noch darüber hinaus?" Er sagte wiederum: „Wenn ich stehe, dann stehe ich – wenn ich gehe, dann gehe ich – wenn ich sitze, dann sitze ich – wenn ich esse, dann esse ich – wenn ich spreche, dann spreche ich ..."

Wieder sagten die Leute: „Das tun wir doch auch." Er sagte aber zu ihnen: „Nein, wenn ihr sitzt, dann steht ihr schon, wenn ihr steht, dann lauft ihr schon, wenn ihr lauft, dann seid ihr schon am Ziel ...".

Finden oder erfinden Sie den passenden Rahmen bzw. die passende Umdeutung für Ihren Ärger, Ihr Problem oder Ihre Aufregung. „Was ist das Gute an diesem Schlechten?" Die respektvolle Wahrnehmung der positiven Absicht dessen, was verärgert, was beklagt wird, hat etwas Versöhnliches. Vor dem Finden, Erfinden und Entwickeln neuer Wege muss immer zuerst diese „Versöhnungsarbeit" stattfinden. Denn nur auf diesem Wege kann dafür Sorge getragen werden, dass das „Gute am Schlechten" bei der neuen Lösung erhalten bleibt. Der Lohn dieser zum Teil mühseligen Detektivarbeit ist eine wirkliche Erweiterung Ihrer Möglichkeiten. Die Umdeutung, die Sie finden bzw. von anderen angeboten wird, zündet erst dann, wenn eine körperlich spürbare und wahrnehmbare Versöhnung zu einer Veränderung der Klage führt. Die eigentliche Arbeit beim Versöhnen liegt demnach im Entdecken:

- Wofür ist es gut, dass es diese Situation, dieses Verhalten in Ihrem Leben gibt?

- In welcher konkreten anderen Situation hätten Sie genau dieses Verhalten, diese Eigenart gut gebrauchen können? Wo und in welchem Zusammenhang stellt „es" sogar eine besondere Fähigkeit, eine Stärke dar?

Da nach der Grundannahme des NLPs alle Verhaltensweisen nützlich sind, müssen Sie lediglich den passenden Rahmen, in dem sie akzeptiert werden können und angemessen sind, finden.

Was Sie tun können, wenn der „Schreck" vorüber ist

Beispiel:

Umdeutung scheitert, wenn etwas Negatives lediglich anders benannt wird. So kenne ich jemanden, nennen wir Ihn Mr. X, der ein echter Pessimist ist. Dieser Mr. X könnte schier ausrasten, wenn ich ihn darauf anspreche. Das Umdeuten dieses Mr. X besteht lediglich darin, dem Kind einen anderen Namen zu geben. Die (armen) Kinder von Mr. X werden ständig mit negativen Aussagen, die ja auch gleich wieder Einsagen, Programmierungen sind, bombardiert: „Pass auf, dass du dich nicht schmutzig machst!", „Lauf vorsichtig, damit du nicht hinfällst!", „Zieh dich warm an, damit du nicht krank wirst!" usw. Auf das Problem der Verneinung und Programmierung in der Erziehung angesprochen, da die Kinder ständig krank sind, ständig Stürze bauen und blaue Flecken haben, bekam ich zur Antwort: „Ich bin nicht pessimistisch, ich bin nur vorsichtig."

Das Leben ist doch grausam. Nach einer Untersuchung der Harvard Universität hört der durchschnittliche Mensch bis zu seinem 18. Geburtstag über 150 000 negative Suggestionen. 150 000-mal Sätze wie z. B. „Das schaffst du nicht!", „Das kannst Du nicht!", „Das ist nichts für dich!", „Dafür bist du noch zu klein!" usw. Im Durchschnitt täglich fast 23-mal. Ist das nicht der Wahnsinn? Ganz zu schweigen von den vielen sonstigen negativen Einflüssen aus Funk und Fernsehen.

Praxis-Tipp:

Schauen oder hören Sie niemals kurz vor dem Zu-Bett-Gehen Nachrichten, Katastrophenfilme oder andere Filme mit Mord und Totschlag an. Diese Bilder arbeiten über Nacht in Ihrem Gehirn weiter. Tun Sie sich etwas Gutes. Hören Sie schöne, entspannende Musik, lesen Sie ein gutes Buch, meditieren oder programmieren Sie Ihre Ziele in Ihrem privaten Kommunikationszimmer oder gehen Sie eine kleine Runde spazieren.

Kein Wunder also, wenn die meisten von uns sich für Ihr Leben viel zu enge Grenzen gesteckt haben. Nur sehr wenige Menschen schaffen es, ihr natürliches Potenzial, das ihnen die Natur gegeben hat, zu nutzen. Die meisten Menschen verschleudern ihre Begabung, glauben nicht an sich und ihre Chancen und erzielen dadurch nur mäßige Erfolge.

Verschiedene Arten des Umdeutens

- **Umdeuten des Inhaltes:** Beim inhaltlichen Umdeuten geht es in der Regel darum, ein Gefühl, eine Verhaltensweise, ein Ereignis bzw. einen Umstand, den Sie oder ein Gesprächspartner beklagen, positiv umzudeuten.
  - „Wofür ist es gut, dass XY passiert ist?"
  - „Was ist das Gute am Schlechten?"
  - „Was würde Ihnen fehlen, gäbe es XY nicht mehr?"

- **Umdeuten der Rahmenbedingungen (Kontext) oder das Auffinden eines passenden Rahmens:** Beim Umdeuten der Rahmenbedingungen geht es darum herauszufinden, in welchem Zusammenhang der Inhalt der Klage für Sie oder den klagenden Gesprächspartner selbst eine ganz hervorragende Sache wäre.
  - „In welcher Situation ist gerade dieses Verhalten wichtig?"
  - „Wo wäre es gut, dass Sie XY können?"
  - „In welcher Situation ist XY eine kunstvolle Fähigkeit?"

- **Turbo-Umdeutung durch andere:** Nach der Formulierung einer Klage des Betroffenen kann durch ein kurzes Power-Reframing eine Perplexreaktion beim Klagenden ausgelöst werden, die zur Aha-Erkenntnis führen kann:
  - „Toll!"
  - „Toll, freuen Sie sich darüber, dass ..."
  - „Prima, dass Sie die Fähigkeit haben, ..."

noch: Verschiedene Arten des Umdeutens
- „Was ist das Gute daran, dass es nicht mehr genauso weitergeht wie früher?"
- „Wofür ist es gut, so zu reagieren?"

Beispiel:

Sie haben in Ihrem Wohnzimmer ein gerahmtes Bild hängen. Wenn es Ihnen nicht mehr gefällt, können Sie ein neues Bild in diesen Rahmen hängen (Umdeutung des Inhaltes). Sie können aber auch einen neuen Rahmen für dieses Bild kaufen, Sie können es an eine andere Stelle oder in ein ganz anderes Zimmer (Umdeutung des Kontextes) hängen.

Eröffnen Sie sich und anderen mittels Umdeuten die Chance zu einem erweiterten Blickfeld und bewirken Sie bei sich selbst oder einem klagenden Gegenüber eine Veränderung der Wahrnehmung und des Erlebens der ärgerlichen Situation. Wie wichtig dies für einen guten Zustand ist, dürfte auf der Hand liegen. Der Perspektivenwechsel stellt somit eine grundlegende Voraussetzung für die Lösung des Ärgers bzw. des Problems dar.

> Sorge gut für deinen Körper.
> Er ist der einzige Ort, an dem du leben kannst.
> (Jim Rohn)

Körperliche Ebene

Um Ärger und Stress, die sich im Laufe der Zeit in Ihrem Körper anstauen, wirksam abzubauen, ist es immer „not-wendig" (= die Not wendend), auf der körperlichen Ebene aktiv zu werden. Verschaffen Sie sich in ausreichendem Maße Bewegung. Verfallen Sie aber nicht gleich wieder in den Freizeitstress. Wenn Sie joggen möchten joggen Sie, aber nicht auf Zeit. Bewegen Sie sich leicht, locker und lächelnd. Nicht verbissen mit dem Sekundenzeiger der Stoppuhr im Blick. Machen Sie einen ausgiebigen Spaziergang, räumen Sie Ihre Wohnung auf, mähen Sie Rasen oder putzen Sie die Fenster oder Ihr Auto. Hauptsache Sie bewegen sich. Nur so bekommen Sie Ihren Ärger-Hormonspiegel wieder nach unten. Autogenes Training alleine reicht auf Dauer aus meiner Erfahrung nicht aus.

Wie viel Stress Ihnen der letzte Ärger eingebracht hat, können Sie ganz leicht in Ihrem Gesicht ablesen. Es gibt drei Stressstadien. Treten Sie vor einen Spiegel und schauen Sie sich Ihre Augen einmal genau an:

- Das erste Stadium erkennen Sie an glasigen, trüben oder extrem „müden" Augen.

- Das zweite Stadium daran, dass sich das Weiß des Augapfels unter einer Iris zeigt.

- Im dritten Stadium sind Sie angekommen, wenn sich das Weiß des Augapfels unter beiden Iriden zeigt.

Lassen Sie es nicht so weit kommen und steuern Sie sofort beim ersten Stadium dagegen. Wie? Mit dem einfachsten und billigsten Anti-Ärger-Mittel: Wasser.

Wasser tut sooo gut

Vielleicht denken Sie jetzt: „Was!? Wasser, igitt ..., oh nein! Ein Bier und einen Kurzen ja, aber doch kein Wasser. Bin ich vielleicht eine Kuh, oder was?"

Achtung: Alkohol, Tabletten, Nikotin, extensiver Sport und andere Drogen sorgen zwar kurzfristig für Erleichterung, aber auf lange Sicht bekommen Sie ganz schön Ärger mit diesen Süchten, in Form von gesundheitlichen Beeinträchtigungen mit enormen Nebenwirkungen.

Was Sie tun können, wenn der „Schreck" vorüber ist

Überlegen Sie: Unsere Erde besteht zu ca. 70% aus Wasser und unser Körper besteht zu ca. 70% aus Wasser. Alle Abläufe unseres Körpers werden durch Wasser überwacht bzw. überhaupt erst möglich. Unser Gehirn besitzt etwa neun Billionen Nervenzellen, die zu 85% aus Wasser bestehen. Wie viel unserer täglichen Nahrung sollte wohl aus Wasser bestehen? Wie viel Wasser sollten Sie Ihrem Körper täglich zuführen? Klar, ideal wäre es, wenn 70% Ihrer täglichen Nahrung aus naturreinem Wasser bestünde, wie es z. B. in Rohkost, Obst und Gemüse enthalten ist oder Sie als stilles bzw. Leitungswasser (sofern die Wasserleitungen Ihres Hauses nicht aus alten Kupfer- oder Bleirohren bestehen) zu sich nehmen können.

Wichtig: Aufbereitetes Wasser in Form von Tee, Kaffee, Bier, Wein, Cola, Limonade, industriell hergestellte Fruchtsäfte, Mineralwasser mit Kohlensäure dürfen Sie nicht hinzuzählen. Ganz im Gegenteil. Koffein, Teein und Alkohol entziehen dem Körper nämlich Wasser.

Praxis-Tipp:

Eine Faustregel in der Kinesiologie besagt: Trinken Sie pro 10 kg Körpergewicht ein 0,2-Liter-Glas Wasser pro Tag. Für jede Tasse schwarzen Tee bzw. Kaffee ein zusätzliches Gläschen. Und für jedes Glas Alkohol zwei zusätzliche Gläser.

Ich höre Sie schon, wie viele meiner Seminarteilnehmer, stöhnen: „Das ist doch nicht Ihr Ernst – oder?", „Da komme ich doch gar nicht mehr vom stillen Örtchen runter", „So viel Durst habe ich gar nicht." Letzteres ist genau das Problem unserer Zeit, wir haben es verlernt, auf unseren Körper zu hören. Wir haben uns das Durstgefühl abgewöhnt und können den Wassermangel in unserem Körper gar nicht mehr wahrnehmen. Wenn Sie mehr Wasser trinken, werden Sie nach kurzer Zeit Ihren Durst auch wieder besser registrieren. Wussten Sie, dass Wassermangel (Dehydration) zu folgenden Krankheitsbildern führen kann: Verdauungsbeschwerden (einer der wichtigsten Notrufe des Körpers), Schmerzen bei rheumatischer Arthritis, Schmerzen im unteren Rücken, migräneartige Kopfschmerzen, Bluthochdruck, Nackenbeschwerden, Verstopfung u.a.m.

Der Arzt Dr. Faridun Batmanghelidj stellt in seinem Buch „Wasser, die gesunde Lösung – Ein Umlernbuch" sogar die These auf, dass es viele Alterskrankheiten nicht geben würde, wenn die Menschen in ausreichendem Maße Wasser trinken würden. Ich bin kein Arzt und kann dazu keine Stellung nehmen, aber ich bin mir sicher, dass der Genuss von ausreichenden Mengen (energetisiertem und/oder gefiltertem) Wasser den Ärger-Pegel erheblich reduzieren kann. Schon in alten Gesundheitslehren, wie dem Ayurveda, wird auf die heilende Wirkung von schlückchenweise getrunkenem (heißen) Wasser gebaut. Wasser ist für mich eine der ersten Soforthilfemaßnahmen bei Ärger. Probieren Sie es aus. Wenn Sie sich ärgern, trinken Sie sofort zwei 0,2-Liter-Gläser Wasser und nach ca. zehn Minuten nochmals zwei. Spülen Sie den Ärger einfach aus Ihrem Körper heraus. So unterstützen Sie Ihr Gehirn bei der Versorgung mit Energie, Sie können klarer denken und finden schneller eine Lösung für Ihren Ärger.

Wasser-Tipps für Ihre Ärger-Stadien

- 1. Stadium: 2–3 Gläser kaltes Wasser trinken, entspannen und schlafen, damit sich Ihr Körper wieder regenerieren kann! Nutzen Sie die Tipps aus diesem Buch.

- 2. Stadium: 1–2 Gläser heißes Wasser – schluckweise – trinken, ein heißes Arm- oder besser noch ein gemütliches Vollbad mit einigen Tropfen 100% naturreinem ätherischen Rosmarinöl zum Entspannen und schlafen, damit Ihr Körper wieder ins Gleichgewicht kommt! Nutzen Sie u n b e d i n g t die Tipps aus diesem Buch.

- 3. Stadium: Wasser allein hilft leider nicht mehr. Schränken Sie Ihre Genussmittel ein. Lernen Sie Nein zu sagen, abzugeben, für sich zu sorgen und lassen Sie Ihre Gefühle heraus. Probieren Sie den Tipp des 2. Stadiums und es ist jetzt höchste Zeit, die Hilfe zu finden, die Sie brauchen. Treffen Sie Ihre Wahl, es sich ab sofort besser gehen zu lassen. Niemand anderer kann das für Sie tun!! Arbeiten Sie intensivst mit den Tipps dieses Buches und holen Sie sich professionelle Unterstützung, um Ihr Gleichgewicht wieder zu finden.

Der Wutzettel

Diese kleine und schnelle Übung ist genial einfach und doch sehr wirksam, um Ärger, Zorn oder Wut sofort wirkungsvoll zu bekämpfen und abzubauen. Was müssen Sie tun? Nicht viel, es geht ganz einfach.

Sie sollten alleine im Zimmer sein, ansonsten gehen Sie auf das stille Örtchen (achten Sie darauf, dass Sie alleine sind). Nehmen Sie ein leeres Blatt Papier, eine Seite der Tageszeitung von gestern, Ihre leere Frühstückstüte oder ähnliches entbehrliches Material aus Papier. Zerknüllen Sie dieses Papier nun wild fluchend mit beiden Händen, stampfen Sie mehrmals mit dem Fuß auf den Fußboden und donnern es mit Wucht gegen die Wand oder in den Papierkorb (wenn Sie sich nicht nochmals danach bücken möchten). Je nach Stärke Ihres Ärger-Pegels, wiederholen Sie die Aktion mehrmals, bis Erleichterung eintritt.

Warum diese Übung funktioniert, sollte Ihnen bereits bekannt sein. Sie bauen die aufgestaute Energie in einer kleinen Kampfreaktion ab. Und wie Sie ebenfalls bereits wissen, ist Bewegung die beste Möglichkeit, Ärger, Wut und Stress abzubauen. Einen weiteren Vorteil hat diese Übung: Sie schadet oder verletzt niemanden, und es dürfte eigentlich auch nichts zu Bruch gehen.

1½ Minuten Pause reichen oft

Vielleicht haben Sie bisher schon einige Male gedacht: „Wann soll ich das nur alles umsetzen, üben, trainieren. Ich weiß sowieso nicht, wo mir der Kopf steht. Ich habe doch keine Zeit. Ein Termin jagt den anderen, kaum Zeit, um Luft zu holen. Da gibt es schon immer wieder Ärger, aber ich habe keine Zeit für eine mentale Reise, für die Suche nach erfolgreicher Umdeutung, geschweige denn für das Üben von Gesprächsgestalten." Wer sagt, er hat keine Zeit, meint nur, dass ihm im Moment anderes wichtiger ist. Gut, wenn Ihnen Ärger wichtiger ist als Loslassen, mehr Energie und mehr Lebensfreude, dann ist das ganz alleine Ihre Entscheidung. Sie haben immer die Wahl. Sie sind verantwortlich!

Wenn es allerdings einige Entspannungsübungen gäbe, die in nur 90 Sekunden Erleichterung bringen würden. Wäre das dann etwas für Sie? Gut, dann halten Sie gleich inne und lassen Sie einfach einmal in den nächsten 90 Sekunden (Sie können ja auf die Uhr gucken, wenn der nächste Termin schon drängt oder Sie an der modernen Zeiteilekrankheit „Angina Temporis" leiden) Ihre Seele und Ihren Geist in der Sonne baumeln. Atmen Sie bewusst ein und aus. Richten Sie Ihre Aufmerksamkeit 90 Sekunden nach innen. Beachten Sie, wie Ihr Atem kommt und geht. Atmen Sie tief in den Bauch, halten Sie die vierfache Zeit den Atem an und atmen Sie die doppelte Zeit aus. Atmen Sie durch die Nase tief in den Bauch ein und zählen Sie 21 – 22, halten Sie die Luft an und zählen Sie 23 – 24 – 25 – 26 – 27 – 28 – 29 – 30, atmen Sie durch den Mund aus, leeren Sie Ihre Lungen und zählen Sie 31 – 32 – 33 – 34, einatmen … halten … ausatmen. Das Ganze zehnmal.

Mit dieser kleinen Entspannungsübung regen Sie nicht nur Ihren Stoffwechsel an, sondern Sie haben auch in Ihrem Gehirnradio einen neuen Sender eingestellt.

Was Sie tun können, wenn der „Schreck" vorüber ist

Normalerweise hören Sie Ihr Programm:

- Beta (Wellenbereich 13–30 Hz) – Ihr Sender für normales Wachsein, aktives Denken, aggressive Musik, Hektik, Stress, Ärger und Ungeduld. Mit dieser kleinen Übung haben Sie bereits das nächste Programm angesteuert.

- Alpha (Wellenbereich 8–13 Hz) – Ihr Sender für Entspannung, Meditation, Integration von Körper und Geist, leichtes Lernen, klassische Musik und beruhigende Songs. Für die beiden letzten Sender müssen Sie etwas mehr tun.

- Theta (Wellenbereich 4–8 Hz) – Ihr Sender für völlig entspannte Wachheit, kreatives Denken, ganz ruhige Töne und Melodien, tiefe Meditation, Imagination und Inspiration.

- Delta (Wellenbereich 0,5–4 Hz) – Ihr Sender für Trance, tiefe Hypnose, Heilung und Selbstregeneration. Sie vernehmen das tiefe, gleichmäßige Atmen einer ruhig schlafenden Person.

Weitere 1½ Minuten Übungen für zwischendurch

- *Den Ärger abschütteln:* Stellen Sie sich aufrecht mit leicht gespreizten Beinen hin. Beginnen Sie nun Ihren ganzen Körper, besonders Arme und Beine auszuschütteln. Alle Belastungen, negativen Gedanken, Ärger und Sorgen dürfen Sie kräftig abschütteln. Unterstützen Sie den Prozess durch kräftige, hörbare Ausatmung.

- *Die „Ich-bin-top-fit"-Übung:* Eine alte tibetische Aktivierungsformel gibt Ihnen neue Energien. Stehen Sie aufrecht mit leicht gebeugten Knien, beugen Sie sich dann nach vorne und schlagen zunächst mit den Handflächen auf den Boden. Dann richten Sie sich langsam auf, schlagen sich zuerst auf die Oberschenkel, schließlich auf die Brust. Zum Schluss werden die Arme hoch über den Kopf gestreckt. Dazu rufen Sie im Vierer-Takt „Ich-bin-top-fit" genau in dem Rhythmus, in dem Sie aufklatschen. Diese Übung drei- bis viermal wiederholen und jedes Mal etwas schneller werden.

- *Die Hans-Guck-in-die-Luft-Übung:* Aus der tibetischen Heilkunst Kum Nye kennt man diese Übung im Sitzen. Setzen Sie sich auf die vordere Kante eines Stuhles. Die Hände dahinter aufstützen, wobei die Finger nach hinten zeigen. Füße wie ein geöffnetes V auf den Boden stellen (15 cm Abstand, ohne Schuhe). Kopf nach hinten legen, zur Decke sehen und Hände fest auf den Stuhl drücken. 30 Sekunden mit offenem Mund atmen, stöhnen Sie Ihren Ärger heraus. Richten Sie sich kurz auf und machen Sie eine kurze Pause. Wiederholen Sie die Übung noch zweimal, um wieder einen klaren Kopf zu bekommen.

- *Die 90-Sekunden-Weite-Übung:* Stellen Sie sich vor, dass Sie aus einem engen, kleinen Haus hinaus auf eine großzügige Terrasse treten und von dort eine herrliche Landschaft überblicken können. Egal ob Toskana, die Meeresküste, die Berge, wählen Sie ganz nach Ihrem momentanen Geschmack. Sie sehen die tollsten Farben der Natur, den blauen Himmel und spüren die angenehme Wärme der Sonne und ein laues Lüftchen. Sie riechen und hören die angenehmen Düfte und Klänge einer völlig intakten Natur. Bleiben Sie 90 Sekunden konzentriert in dieser Vorstellung, und Sie können die wohltuende Energie dieser Seelenlandschaft sofort als Entspannungseffekt empfinden.

- *Die Überkreuzbewegung:* Mit der Überkreuzbewegung lösen Sie körperliche Verspannungen und erhöhen durch die Integration der beiden Gehirnhälften Ihre geistige Leistungsfähigkeit. Summen Sie auf jeden Fall dazu. Stellen Sie sich aufrecht hin. Dann führen Sie abwechselnd 30 Sekunden lang den rechten Ellenbogen zum linken Knie und umgekehrt. Achten Sie darauf, dass sich Knie und Ellenbogen gleichzeitig bewegen und aufeinander zukommen. Anschließend 20 Sekunden den rechten Ellenbogen zum rechten Knie und den linken Ellenbogen zum linken Knie. Und zur Krönung abschließend nochmals 40 Sekunden abwechselnd den rechten Ellenbogen zum linken Knie und den linken Ellenbogen zum rechten Knie.

Wichtig: Bei allen 90-Sekunden-Entspannungs-Übungen sollten Sie auf Ihre Atmung achten. Atmen Sie tief in den Bauch ein und langsam aus. So können Sie gut entspannen und Ihren Ärger loslassen.

Nur nicht die Luft anhalten

Was machen wir, wenn wir uns erschrecken und häufig auch bei extremem Ärger? Uns bleibt die Spucke, die Luft weg. Bei ersten Alarm- oder Gefahrenzeichen halten wir den Atem an und wir ziehen die Schultern hoch. Bei Aufregung geht in der Regel der Atem schneller und flacher. Wir erzeugen allein schon durch falsche Atmung Stress in unserem Körper. Eine einfache Art, dem Ärger entgegenzuwirken, ist: tief ausatmen. „Da stockt mir der Atem", sagt der Volksmund oder auch: „Da muss ich erst mal Luft holen." Um nicht den „Atem anzuhalten", ist es hilfreich, mit dem Ausatmen zu beginnen. Sagen Sie bewusst „Stopp" zu sich selbst. Zählen Sie dann langsam bis zehn. Lassen Sie Ihre Schultern bewusst fallen, lockern und entspannen Sie Ihre Hände und atmen Sie dabei langsam und bewusst tief aus. Atmen sie noch einmal ganz tief in den Bauch ein, lassen Sie beim Ausatmen Ihren Kiefer locker. Danach noch ein paar mal ganz ruhig und bewusst atmen.

Praxis-Tipp:

Schreiben Sie sich ein Tischkärtchen: „Ausatmen! Ausatmen! Schultern fallen lassen!" und stellen Sie es zur Erinnerung an eine Stelle im Büro oder Ihrer Wohnung, an der Ihnen gelegentlich die Luft wegbleibt, z. B. neben Ihr Telefon.

Negative Gefühle sind wie die Warnleuchten des Lebens.
Sie zeigen Gefahren an und sorgen dafür,
dass wir ins Handeln kommen, um Probleme zu lösen.
(Jörg Löhr)

Mentale Ebene

Ein negatives Gefühl, wie Ärger, Wut oder Ähnliches, ist von Natur aus dazu da, Gefahren anzuzeigen, uns aktiv werden zu lassen, Handlungsalternativen zur Lösung zu finden und diese umzusetzen. Kurz gesagt: Der Sinn von negativen Emotionen ist es, unser persönliches Wachstum zu fördern. Oder wie ein Sprichwort sagt: „In jedem Problem steckt der Keim eines größeren Vorteils." Freuen Sie sich ab jetzt über Probleme (je größer, umso besser), denn umso größer ist die darin verborgene Chance. Oder wie Henry John Kaiser es nennt: „So genannte Probleme sind Chancen in Arbeitskleidung." Also, Ärmel hochkrempeln, anpacken und nicht ausgiebig darin wälzen. Gehören Sie nicht zu diesen Menschen, die mehr Zeit und Kraft daran verschwenden, um die Probleme und Ihren Ärger herumzureden, anstatt sie anzupacken.

Im Kopfkino selbst Regie führen oder wer ist der Chef im Ring

An dieser Stelle möchte ich nur noch einmal auf die Möglichkeit hinweisen, dass Sie es selbst in der Hand haben, welcher Film in Ihrem Kopfkino läuft. Nehmen Sie die alten, schwarz-weißen Horrorstreifen, die melancholischen Dramen und nervenaufreibenden Tragödien aus dem Programm und legen Sie sich öfters schöne, lustige, positive Filme ein. Sie sind der Chef im Ring. Sie können Ihren inneren Schweinehund, Ihre innere Plapperstimme kontrollieren. Schreiben Sie neue Drehbücher, die in Ihrem Sinne positiv enden. Führen Sie Regie in Ihrem Film „Mein bezauberndes Leben" und nehmen Sie Ihre guten Filme immer wieder ins

Programm. Entrümpeln Sie doch gleich einmal Ihr verstaubtes Filmarchiv.

Übungsanleitung zum Kopfkino

1. Entspannen Sie sich und gehen Sie auf Ihre mentale Grundstufe.

2. Sie kennen Ihr Filmarchiv. Diese alten Filme, die Ihnen die Energie rauben und Ihre Stimmung nach unten ziehen. Suchen Sie alle Filme heraus, die Sie absolut über haben. Sammeln Sie diese alten Kamellen in einer großen Schachtel. Legen Sie alle Filmrollen und Videokassetten mit negativem Inhalt in diese Schachtel. Schaffen Sie Platz in Ihrem persönlichen Archiv für neue Freude-, heitere Erfolgsfilme, „Gute-Laune"-Streifen und absolut positives Top-Filmmaterial. Holen Sie alle alten Filme aus dem Regal, wirklich alles was Sie nie wieder anschauen wollen. Alle alten Ärger-Streifen, besonders die mit Endlosfunktion, und alle alten Belastungs-Dokumentationen, alle Schmerz- und Unfallschocker, alle Stress- und Horrorstreifen sowie alle Dramen und Tragödien.

3. Haben Sie alle in der Kiste gesammelt? Liegt keine daneben, haben Sie auch keine im Archiv vergessen? Kontrollieren Sie mit einem letzten Blick Ihr Archiv und nehmen Sie den freien Raum für die Neuerscheinungen wahr.

4. Gehen Sie jetzt in den Nebenraum Ihres Archivs, in Ihren persönlichen Ärger-Sondermüll-Entsorgungsraum, mit einem gigantischen Akten- und Filmvernichter. Nehmen Sie die alten Streifen und werfen Sie sie in den Schredder. Hören Sie, wie die Filme bis zur Unkenntlichkeit zerkleinert werden. Fühlen Sie, wie Sie sich durch dieses Ritual des Loslassens immer leichter, besser und freier fühlen. Ver-

noch: Übungsanleitung zum Kopfkino

stärken Sie dieses Gefühl mit jedem Film, mit jeder Kassette, die im Schredder verschwindet. Verabschieden Sie sich von den alten Filmen und verstärken Sie Ihr positives Gefühl. Lassen Sie es sich immer besser und besser gehen. Machen Sie das Gefühl stärker und stärker. Sie haben gewählt, Sie haben sich entschieden, Sie sind der Chef im Kopfkino. Sie haben die Macht über Ihre Gedanken und Sie übernehmen ab sofort die Verantwortung für Ihre positive Stimmung, Ihre Lebensfreude und Ihre Lebensqualität.

5. Wenn alle Filme und Kassetten entsorgt sind, Sie sich also absolut gut fühlen, geben Sie zu dieser Situation noch einen Abschlusskommentar, z. B. „Und tschüß!", „Ciao, Ciao – Ärger!", „Das war es – auf zu neuen Taten!" oder etwas Ähnliches.

6. Zählen Sie von 1 bis 5 mit geschlossenen Augen. Bei 5 öffnen Sie langsam wieder Ihre Augen, recken und strecken Sie sich. Sagen Sie laut und mit kräftiger Stimme, voller Überzeugung: „Ich bin hellwach, fit, voller Energie und fühle mich besser als zuvor!"

Nutzen Sie in nächster Zeit die frei gewordenen Plätze in Ihrem Archiv und erstellen Sie neue angenehme Filme und neue Erfolgsstorys mit Situationen, von denen Sie möchten, dass Sie eintreten – von Ihren Lebenszielen und Träumen.

Die Zeitmaschine

Sie haben sich wieder einmal fürchterlich über jemanden oder irgendetwas geärgert. Und wissen sich keinen Rat mehr. Dann stellen Sie sich einmal vor, Sie besäßen eine fantastische Zeitmaschine. Wie würde diese aussehen? Modern oder eher antik?

Was Sie tun können, wenn der „Schreck" vorüber ist

Wie sieht das Armaturenbrett und das Eingabemodul aus? Wie fühlen sich die Sitze und die Steuerung an, wenn Sie darin Platz nehmen? Wie klingt sie? Wo steht sie und wartet darauf, dass Sie sie benutzen? Setzen Sie sich gedanklich in Ihre Zeitmaschine und stellen Sie am Eingabemodul das Datum auf Zukunft, sagen wir sieben Jahre weiter. Starten und fliegen Sie durch Raum und Zeit sieben Jahre weiter. Welchen Stellenwert hat Ihre fürchterlich ärgerliche Situation in sieben Jahren noch für Sie? Noch dieselbe, wie heute? Okay, dann fliegen Sie nochmals acht Jahre weiter. Wie sieht Ihr Ärger denn in 15 Jahren aus? Immer noch von Bedeutung? Oder fliegen Sie in der Zeit zurück und fragen Sie Ihre Urgroßeltern, Albert Einstein, Mahatma Gandhi, Charlie Chaplin oder wen immer Sie fragen wollen, was sie an Ihrer Stelle mit dem fürchterlichen Ärger machen würden. Sie wissen, Ärger ist relativ. Das ist wie mit dem einen Haar. Ein Haar in der Suppe ist relativ viel, eines auf dem Kopf relativ wenig. Oder wie Albert Einstein es erklärt: „Wenn man zwei Stunden mit einem schönen Mädchen zusammensitzt, meint man, es wäre eine Minute. Sitzt man jedoch eine Minute auf einem heißen Ofen, meint man, es wären zwei Stunden. Das ist Relativität."

Vergessen Sie allerdings nicht, ganz bewusst in die Gegenwart, ins Hier und Jetzt zurückzukommen und die Ideen aus der Zeitreise für sich nutzbringend und den Ärger lösend umzusetzen.

Ihre Geschichte im Spiegel

Nachdem Sie schon mehrmals ein NLP-Instrument namens „Dissoziieren" in einigen Übungen verwendet haben, möchte ich Ihnen diese Technik als letzten Tipp noch kurz erklären.

Im NLP gibt es drei verschiedene Wahrnehmungspositionen.

- *Ich assoziiert mit mir:*

  Sie sind voll im Erleben einer Situation, Sie verknüpfen diese mit allen dazugehörigen Gefühlen. Eine ungünstige

Position für kreative Lösungen, besonders wenn die Situation negative Gefühle auslöst. Sie erleben sich selbst in der Situation mit all diesen negativen Gefühlen – immer wieder.

- *Ich assoziiert mit dem anderen:*

  Sie sind voll im Erleben der Situation einer anderen Person, mit allen dazugehörigen Gefühlen der anderen Person. Auch das ist eine ungünstige Position für kreative Lösungen, besonders wenn die Situation negative Gefühle auslöst. Sie erleben sich selbst in der Situation des anderen mit allen dazugehörigen negativen Emotionen.

- *Ich dissoziiert von uns:*

  Sie betrachten Ihre Situation bzw. die einer anderen Person aus geschützter Distanz. Sie sind gefühlsmäßig der Filmvorführer im Kino, der Regisseur und nicht der Darsteller. Ihre Gefühle sind getrennt von der Situation. Eine gute Ausgangsposition für das Finden kreativer Lösungsprozesse.

Eine kleine Anekdote zur Verdeutlichung:

Drei Flugenten

Tünnes fragt Schäl, was er sich wünschen würde, wenn er einen Wunsch frei hätte. Dieser wählt, eine Flugente zu sein, weil es schön ist zu fliegen. Daraufhin meint Tünnes, er würde eher wählen, zwei Flugenten zu sein: Dann könnte er als die erste Flugente fliegen und dies genießen und sich gleichzeitig als die zweite Flugente dabei zusehen und auch dies erleben. Davon inspiriert, entscheidet sich Schäl dafür, lieber drei Flugenten zu sein: Dann könnte er, wie Tünnes, als erste Flugente fliegen und dies genießen und als zweite Flugente fliegend zusehen und dies erleben. Zusätzlich könnte er jedoch als dritte Flugente der zweiten zusehen, wie diese der ersten beim Fliegen zusieht, und so auf allen drei Ebenen bewusst erleben und tun. (Verfasser unbekannt)

Nutzen Sie die dritte Wahrnehmungsposition auch in dieser letzten kleinen, aber kraftvollen Mentalübung.

Übungsanleitung zu verschiedenen Wahrnehmungspositionen

1. Entspannen Sie sich und gehen Sie auf Ihre mentale Grundstufe oder in Ihr persönliches Kommunikationszentrum (Schutzraum).

2. Stellen Sie sich einen Spiegel mit hässlichem, dunklem Rahmen vor, in dem Sie Ihre änderungswürdige Ärgersituation hineinprojizieren. Sie stehen als Betrachter davor. Nehmen Sie die Szene distanziert wahr. Schieben Sie den Spiegel dann nach rechts oben und lassen Sie ihn ganz klein werden und verschwinden, oder zerschlagen Sie den Spiegel (falls Sie nicht abergläubisch sind).

3. Visualisieren Sie nun auf der linken Seite einen anderen Spiegel mit bezauberndem weißem oder hellem Rahmen. Wie sieht der Spiegel und der Rahmen aus? Sehen Sie sich in diesem weißgerahmten Spiegel nun die Szene so an, wie Sie diese gerne hätten. Lustvoll statt verdrießlich. Machen Sie wieder einen positiven Film daraus. Sie sind der Regisseur. Stellen Sie sich Ihre Wunschversion, Ihr Ziel, die ideale Lösung, so oder besser, zum Wohle aller Beteiligten vor.

4. Wiederholen Sie Ziffer 3 eine Woche lang einmal täglich (ohne den Schritt Nummer 2; einmal negatives Betrachten reicht völlig aus!).

5. Zählen Sie von 1 bis 5 mit geschlossenen Augen. Bei 5 öffnen Sie langsam wieder Ihre Augen, recken und strecken Sie sich. Sagen Sie laut und mit kräftiger Stimme, voller Überzeugung: „Ich bin hellwach, voller Energie und fühle mich besser als zuvor!"

Was tun, wenn andere verärgert sind?

5

> Wenn Sie sich länger als 15 Sekunden ärgern,
> sind es immer die eigenen unerledigten Dinge.
> (Elisabeth Kübler-Ross)

Im privaten, persönlichen Bereich

Wenn Sie das Buch bisher durchgearbeitet haben, müssten Sie eigentlich schon einige Ideen haben, was Sie tun könnten. Sicherlich kommt es auch darauf an, ob Sie den verärgerten Zeitgenossen gegenüber persönlich kennen oder nicht, ob Sie ihn mögen oder nicht.

Gehen wir zunächst davon aus, dass sich jemand aus Ihrem privaten Umfeld ärgert, den Sie mögen. Hier eine Anregung für die Vorgehensweise:

- Haben Sie Ihren Schutzanzug an, um nicht infiziert zu werden.

- Hören Sie sich die Geschichte kurz an, heulen Sie aber nicht mit den „Wölfen", sondern unterbrechen Sie das Ärger-Muster des Gesprächspartners mittels Umdeutung. Reframen Sie die erzählte Geschichte, das ärgerliche Problem.

- Wenn beim Gesprächspartner etwas Versöhnung und Entspannung eingetreten ist, können Sie den Fokus verstärkt auf Lösungsvarianten lenken. Nutzen Sie z. B. die Positive-Vorwegnahme-Strategie©.

- Helfen Sie Ihrem Gesprächspartner, stellen Sie konstruktive, offene Fragen, bis alle Seiten der Medaille beleuchtet sind. Unterstützen Sie ihn wohltuend einen neuen Entschluss zu fassen, was in dieser Situation am besten zu tun oder zu lassen ist. Das gefundene Ergebnis sollte zu seinem besten Wohle sein.

- Überprüfen Sie die Zukunftsaussicht dieser Lösung. Lassen Sie Ihren Gesprächspartner mit dieser Lösung gedanklich in die Zukunft schauen und erkunden Sie, was dann daraus wird.

■ Gratulieren Sie Ihrem Gesprächspartner zur Lösung seines Ärger-Problems und ermutigen Sie ihn zur Umsetzung.

Sollten Sie tröstende Worte verwenden, achten Sie insbesondere auf Ihre positiven Formulierungen. Verneinende Trostworte können schnell auch einmal nach hinten losgehen und das hilflose Ärger-Gefühl sogar noch verstärken. Meiden Sie also Ausdrücke wie „Das ist doch nicht so schlimm", „Das darfst du nicht überbewerten" und „Es wird alles nicht so heiß gegessen, wie es gekocht wird" oder Ähnliches. Finden Sie positive Formulierungen, die der Situation angemessen sind.

> Der Weg von Mensch zu Mensch ist oft weit
> und schwieriger als der Weg von der Erde zum Mond.
> (Dr. Franz König)

Im Geschäftsleben

Gehen wir nun davon aus, dass Sie geschäftlich immer wieder mit schwierigen Menschen zu tun haben, die aufgebracht und verärgert zu Ihnen kommen. Wenn eine Person ärgerlich oder wütend ist, müssen Sie davon ausgehen, dass dieser Mensch in erster Linie das Ziel verfolgt, Sie ebenfalls wütend zu machen oder Sie zumindest aus der Fassung zu bringen. Das Schlimmste für diesen Zeitgenossen ist es, zufriedene Menschen um sich zu erleben. Tun Sie ihm diesen Gefallen nicht. Spielen Sie dieses Spiel einfach nicht mit. Schützen Sie sich selbst vor der Ansteckungsgefahr. Nehmen Sie allerdings eine ärgerliche Person stets ernst. Oft steckt hinter diesen Attacken eine schwere Verletzung des Selbstwertgefühls. Spielen Sie in diesem Moment nicht den lässig Überlegenen. Das hätte etwa dieselbe Wirkung, als unterbrächen Sie einen Stotterer mit der Bitte, doch zügiger und deutlicher zu sprechen.

Was tun, wenn andere verärgert sind?

Achten Sie auf folgende Ärgerfallen, springen Sie nicht darauf an:

- Übertreibung

  „Ich habe schon tausendmal versucht, Sie zu erreichen, aber bei Ihnen hat man es ja nicht nötig, ans Telefon zu gehen."

- Manipulative Fragen

  „Wissen Sie, wie oft ich heute schon versucht habe, Sie zu erreichen? Keiner hat abgenommen!"

- Sarkastische Aussagen und Verbalangriffe

  „Sie haben ja keine Ahnung!"

Wenn Sie wütend oder aufgeregt sind, bringt Sie bestimmt nichts mehr auf die Palme als der Ratschlag, Sie sollten das doch etwas lockerer sehen. So geht es momentan ihrem Gegenüber. Sparen Sie sich derartige Ratschläge. Sie wissen ja, auch Ratschläge sind Schläge. Wütende oder ärgerliche Personen sind verletzt und geraten zum Teil schnell in Panik. Sie suchen nach dem Erstbesten, bei dem sie ihren Ärger ablassen können. Dabei ist es völlig egal, ob Sie der richtige Ansprechpartner sind, das ist zunächst zweitrangig. Und deshalb sollte es auch für Sie zweitrangig sein. Verärgerte Menschen agieren mit enormem Tempo. Deshalb sollten Sie keinen Moment zögern, sondern der ärgerlichen Person sofort signalisieren, dass Sie sie bemerkt haben. Lassen Sie sie auf keinen Fall warten. Verärgerte Kunden haben Vorrang und sollten sofort aus dem Verkaufsraum in ein ruhiges Eckchen gelotst werden. Sollten Sie wirklich für einen Moment verhindert sein, genügt schon ein Blickkontakt, ein kurzes Nicken, ein Handzeichen, um ihm zu signalisieren, dass Sie ihn gesehen haben und gleich zur Verfügung stehen. Lassen Sie den Verärgerten nicht lange in seinem Saft schmoren, sonst kocht er total über.

Eine verärgerte Person hat in der Regel nicht sofort und instinktiv ihrem Ärger Luft gemacht. Meist liegt die Ursache des Ärgers schon eine Weile zurück. Der frustrierte Zeitgenosse hat wahrscheinlich schon einige negative, endlose Selbstgespräche geführt, bis der dabei erzeugte und aufgestaute Ärger nach Entladung drängte. Jetzt ist der Verärgerte in einem übererregten, stark emotionalen Zustand, die Gefühle sind aufgestaut. Vermeiden Sie daher unnötige Zwischenbemerkungen, Belehrungen und Unterbrechungen. Nicht rationale Auseinandersetzung ist gefragt, sondern das Gefühl, ernst genommen zu werden. Zeigen Sie Verständnis und Mitgefühl. Sagen Sie z. B. „Ich kann gut verstehen, dass Sie verärgert sind." Sagen Sie, dass es Ihnen leid tut. Wichtig ist, dass Sie in dieser Phase auf der emotionalen Ebene bleiben. Meist fällt es verärgerten Personen schwer, überhaupt zu begreifen, was die Ursache des Problems ist. Versuchen Sie daher Punkte zu finden, mit denen Sie übereinstimmen können. Das macht es dem Gegenüber fast unmöglich, weiter verärgert zu reagieren. Sagen Sie z. B.: „Sie haben jetzt schon vier Wochen auf die Auslieferung gewartet. Ich kann gut verstehen, dass Sie ärgerlich sind."

Wenn die Luft raus ist und Sie wieder sachlich argumentieren können, suchen Sie gemeinsam nach Lösungen. Bieten Sie Alternativen an, fragen Sie, was sich der Gesprächspartner vorstellt, oftmals ist das weniger, als Sie denken, dass Sie tun müssen. Signalisieren Sie, dass Sie alles tun werden, was in Ihrer Macht liegt, um die Ursache des Ärgers auch für die Zukunft aus der Welt zu schaffen.

Merken Sie sich ...

- Reagieren Sie innerhalb von zehn Sekunden auf eine verärgerte Person.

- Ignorieren Sie eine verärgerte Person nicht, indem Sie irgendetwas anderes machen. Nach dem Motto: Vielleicht geht der Kelch an mir vorbei, oder: der beruhigt sich schon wieder.

Was tun, wenn andere verärgert sind?

noch: Merken Sie sich …

- Seien Sie freundlich und sprechen Sie den verärgerten Kunden mit Namen an, sofern Sie diesen wissen. Verwenden Sie die Namensansprache wesentlich öfter als im normalen Gespräch. Der eigene Name beruhigt.

- Nehmen Sie die verärgerte Person ernst. Sie hat wirklich – aus ihrer eigenen Sicht – ein riesiges Problem.

- Zeigen Sie formal Verständnis für die Situation des Kunden und gehen Sie nicht sofort auf Konfrontation. Wenden Sie die Gesprächsgestalt LIMO an.

- Greifen Sie sofort zu Block und Stift und notieren Sie sich Details. Das beruhigt den Kunden, da er sieht, Sie nehmen sich seines Ärgers an.

- Finden Sie eine für beide Seiten zufrieden stellende Lösung.

- Gehen Sie freundlich auseinander und sind Sie zu den nächsten Kunden freundlich, als hätte es den Vorfall nicht gegeben. Wie Sie sich selbst schützen können, brauche ich Ihnen am Ende dieses Buches wohl nicht mehr zu erläutern.

Es gibt natürlich noch eine ganze Reihe anderer schwieriger Zeitgenossen: Besserwisser, Nörgler, Zugeknöpfte, Selbstgerechte, Schwarzseher, um nur einige zu nennen, die Sie aus dem Gleichgewicht bringen können. Darauf noch einzugehen, würde den Rahmen dieses Buches sprengen. Ihren Ärger über diese Personen sollten Sie mittels der in diesem Buch aufgezeigten Methoden, Anregungen und Tricks in den Griff bekommen. Ich bi mir sicher, Sie schaffen das und werden zukünftig mehr Lebensfreude statt Verdruss genießen. Werden Sie ein positiver, kreaktiver Umdenker.

Anhang

6

Stimmungsmanagement

Es stimmt tatsächlich,
für ein ernstes Gesicht brauchen Sie

65 Muskeln.

Zum Lächeln nur

10.

Warum wollen Sie sich überanstrengen?

Mein Erfolgstagebuch (Kopiervorlage)

Was mir heute gut gelungen ist:

Wo ich meinen Zielen heute näher gekommen bin:

Wem ich heute helfen konnte:

Was ich heute Gutes für meinen Körper, Geist und meine Seele getan habe:

Was ich heute dazugelernt habe:

Wofür ich heute dankbar bin:

Meine drei Schätze heute waren:

_____

_____

_____

© Kommunikationsentwicklung Norbert Kasper

Anti-Ärger-Aktivitäten-Liste (Kopiervorlage)

Nr.	Datum	Ärgerauslöser/Situation	Zukünftig vermeidbar durch ...	Wer könnte evtl. helfen?	Meine Belohnung

© Kommunikationsentwicklung Norbert Kasper

> Es ist niht genug zu wissen, man muss auch anwenden;
> es ist nicht genug zu wollen, man muss auch tun.
> (Johann Wolfgang von Goeth)

Ein Wort danach

Können Sie sich noch an die einleitenden Tipps erinnern? Ich hoffe, diese haben Sie ein Stück weitergebracht und Sie hatten ein klares, konkretes Ziel vor Augen. Und nicht nur das pauschale, unkonkrete und auch noch negativ formulierte: „Ich will mich nicht mehr ärgern!" Sicherlich haben Sie in diesem Buch viele Ideen, Anregungen und neue Wege für den erfolgreichen Umgang mit Ihrem Ärger bekommen. Je öfter Sie mit diesem Buch arbeiten, umso gefestigter wird auch Ihr Wissen.

ABER ...

Wissen nützt Ihnen nur, wenn Sie es auch umsetzen und anwenden. Sie müssen Ihre Opferrolle aufgeben und Verantwortung übernehmen! Das ist der Preis, den Sie für Ihre Gelassenheit und Lebensfreude zahlen müssen. Sie können jetzt nicht länger sagen: „So bin ich eben. Ich kann halt nicht aus meiner Haut. Ich kann nicht anders." Es gibt keine Ausreden mehr! Sie wissen, dass Sie allein verantwortlich sind. Sie können die Kontrolle übernehmen und dafür sorgen, dass es Ihnen im Bruchteil einer Minute besser geht. Sie wissen, wie Sie den inneren Schweinehund stoppen können, wie Sie Energie tanken und Ärger abbauen können. Es liegt nun an Ihnen, ob Sie die Selbstverantwortlichkeit und das Verlangen entwickeln, dieses Angebot zu nutzen.

Nachdem Sie bereits angefangen haben, den kleinen Unterschied zu spüren, hoffe ich, dass Sie unbeirrt und voller Begeisterung Ihrer persönlichen Verpflichtung, Ihrem Weg zu mehr Gelassenheit, mehr Lebensfreude, mehr Energie, mehr (Selbst-)Bewusstsein und Erfolg folgen. Ich helfe Ihnen gerne auch in einem meiner Seminare oder einem persönlichen Coaching weiter. Abschließend bleibt mir nur die Möglichkeit, Ihnen eine kleine Hilfe zur Umsetzung mit an die Hand zu geben.

Ein Wort danach

Beantworten Sie ein letztes Mal folgende Fragen:

Was werden Sie innerhalb der nächsten Woche ändern?

- Ich fange an: ....
- Ich höre auf: ....

Was werden Sie innerhalb der nächsten vier Wochen ändern?

- Ich fange an: ....
- Ich höre auf: ....

Was werden Sie innerhalb der nächsten 365 Tage ändern?

- Ich fange an: ....
- Ich höre auf: ....

Falls Sie mehr als ein konkretes Ziel pro „fange an", pro „höre auf" aufgelistet haben, sollten Sie sich entscheiden. Setzen Sie Prioritäten statt vieler Vorsätze, die nicht verwirklicht werden, und fassen Sie nur jeweils ein konkretes Vorhaben ins Auge und verwirklichen Sie dies. Vergeuden Sie keine Energie, bündeln und konzentrieren Sie diese für Ihren Erfolg.

Wenn Sie viele Möglichkeiten, also ein breites Spektrum verfolgen, verteilt sich Ihre Kraft und Konzentration auf die ganze Breite. Verkleinern Sie Ihren Fokus und bündeln Sie Ihre Kraft und Konzentration. Dann erreichen Sie mit Sicherheit das, was Sie sich vornehmen. Werden Sie aktiv, übernehmen Sie Verantwortung und reduzieren Sie Ärger in Ihrem Leben. Nutzen Sie die Anti-Ärger-Aktivitäten-Liste, um eine ärgerliche Situation nach der anderen zu vermeiden, und vergessen Sie nicht, sich dafür zu belohnen.

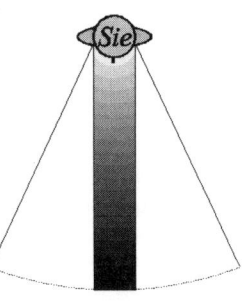

Ich wünsche Ihnen von Herzen viel Erfolg für eine gelassene, bewusste Zukunft ohne Ärger!

Hilfreiche Adressen

Kommunikationsentwicklung

Norbert Kasper
Niemöllerstraße 3
07546 Gera
Telefon: 03 65 – 43 87 10
Fax: 03 65 – 43 87 11
E-Mail: smile@norbertkasper.de
Internet: www.norbertkasper.de

Nähere Informationen zu meinen Seminaren finden Sie im Internet oder schicken Sie einen mit 2,20 DM frankierten Rückumschlag an nebenstehende Anschrift.

GANLP e.V.

(Dachverband der NLP-Trainer und Therapeuten)
Herzogstr. 83
80796 München

Institut für Angewandte Kinesiologie GmbH

Freiburg
Eschbachstr. 5
79199 Kirchzarten

KiT – Kinesiologie in Thüringen

Niemöllerstraße 3
07546 Gera
E-Mail: kit@norbertkasper.de
Internet: www.norbertkasper.de

Nähere Informationen zur Stressberatung mit Kinesiologie und weitere „Gesundheitsthemen" finden Sie im Internet.

Einige der auf der folgenden Seite aufgeführten Bücher habe ich auf meiner Homepage unter Buchtipps näher für Sie beschrieben und bewertet.
Schauen Sie doch einfach vorbei unter http://www.norbertkasper.de.

Literaturhinweise

Ackermann, Andreas: Easy zum Ziel, Verlag Peter Erd, 1. Auflage 2000

Bachmann, Winfried: Win – Win, Junfermann Verlag, 1999

Batmanghelidj, Faridun: Ein Umlernbuch – Wasser die gesunde Lösung, VAK Verlag, 7. Auflage 1999

Berckhan, Barbara: Die etwas intelligentere Art, sich gegen dumme Sprüche zu wehren, Kösel, 1998

Bredemeier, Karsten/Neumann, Reiner: Nie wieder sprachlos!, Orell Füsli Verlag, 2. Auflage 1999

Besser-Sigmund, Cora: Magic Words, ECON Verlag, 3. Auflage 1994

Birkenbihl, Vera F.: Erfolgstraining, mvg Verlag, 9. Auflage 1997, Rhetorik, Urania Verlag, 1997 und ein Beitrag aus 99 Ideen für mehr Erfolg, birkenbihl-media, Kassetten-Programm

Campball, Ross: Bevor der Kragen platzt, Francke Ratgeber, 2. Auflage 1998

Canfield, Jack: Hühnersuppe für die Seele – Geschichten, die das Herz erwärmen, Goldmann, 1996

Carlson, Richard: Alles kein Problem, Rusch-Verlag, Hörbuch

Carnegie, Dale: Sorge Dich nicht – lebe!, Weltbild Reader, 1999

Czypionka, Stefan: Umgang mit schwierigen Partnern, Ueberreuther, 1993

Egli, René: Das LOL²A-Prinzip, Editions D'Olt, 11. Auflage 1997

Förder, Gabriele/Neuenfeld, Gabriele: Kinesiologie, Gräfe und Unzer Verlag, 2. Auflage 2000

Gawain, Shakti: Stell' Dir vor, rororo, 192-195. Tausend März 1999

Gross, Günter F.: Beruflich Profi, Privat Amateur?, Deutscher Sparkassenverlag, Sonderausgabe 1994

Heinze, Dr. Roderich und Vohmann-Heinze, Sabine: NLP, GU Verlag, 1. Auflage 1996

Herkert, Rolf: Die 90-Sekunden-Pause, Integral, 3. Auflage 1995

Hill, Napoleon: Denke nach und werde reich, Ariston, 32. Auflage 1999

Kinston, Karen: FENG SHUI gegen das Gerümpel des Alltags, rororo transformation, 6. Auflage 2001

Lautner, Helmut: Nimm Dir einfach mehr vom Leben, TRIAS Verlag, 1998

Löhr, Jörg: So haben Sie Erfolg, Südwest Verlag, 1999

Matthews, Andrew: Tu, was Dir am Herzen liegt, VAK Verlag, 1999

Mees, Ulrich (Hrsg.): Psychologie des Ärgers, Hogrefe, 1992

Mello, Anthony de: Wo das Glück zu finden ist – Jahreslesebuch, Herder Verlag, 7. Auflage 1998

Mohl, Alexa: Der Zauberlehrling, Junfermann, 1993

Murphy, Dr. Joseph: Die Macht Ihres Unterbewusstseins, Ariston,
63. Auflage 1999

Pöhm, Matthias: Nicht auf den Mund gefallen, mvg Verlag, 3. Auflage
1999

Promislow, Sharon: 10 starke Tips bei Streß, VAK Verlag, 2. Auflage 1999

Rebel, Günther: Mehr Ausstrahlung durch Körpersprache, Gräfe und Unzer
Verlag, 2. Auflage 1998

Robbins, Anthony: Grenzenlose Energie – Das Power Prinzip, Heyne Verlag,
7. Auflage 1986

Robbins, Anthony: Das Robbins Power Prinzip, Heyne Verlag, 2. Auflage
1991

Sprenger, Reinhard K.: Die Entscheidung liegt bei Dir, Campus, 2. Auflage
1997

Stein, Freimut: Lebensregeln, Vogel-Buchhandlung, 3. Auflage 1988

Strunz, Dr. med. Ulrich Th.: Forever Young, Gräfe und Unzer Verlag,
2. Auflage 2000

Smothermon, Ron: Drehbuch für Meisterschaft im Leben, J. Kamphausen,
14. Auflage 2000

Tepperwein, Kurt: Kraftquelle Mentaltraining, Ariston/Hugendubel,
6. Auflage 2000

Weber, Hannelore: Ärger: Psychologie einer alltäglichen Emotion, Juventa
Verlag, 1992

Schnell nachschlagen

Schnell nachschlagen